KB028972

리치 나이트 지음·앨런 샌더스 그림·정아영 옮김

만약 내가 나라를 다스린다면?

세계 시민으로 살아갈
십 대를 위한 정치 수업

시프

If I Ran the Country: An introduction to politics where YOU make the decisions
Text copyright © Rich Knight, 2021
Illustration copyright © Allan Sanders, 2021
The right of Rich Knight and Allan Sanders to be identified as the author and illustrator respectively of this Work has been asserted by them in accordance with the Copyright, Designs & Patents Act 1988
First published in Great Britain in 2021 by Wren & Rook
Korean edition copyright © SEEP Corporation, 2023
All rights reserved.
This Korean edition published by arrangement with Hodder & Stoughton Limited, on behalf of its publishing imprint Wren & Rook, a division of Hachette Children's Group, through Shinwon Agency Co., Seoul.

이 책의 한국어판 저작권은 Shinwon Agency를 통해 Hodder & Stoughton Limited와 독점 계약한 (주)시프에 있습니다. 저작권법에 의하여 한국 내에서 보호를 받는 저작물이므로 무단전재와 복제를 금합니다.

만약, 내가 나라를 다스린다면?
세계 시민으로 살아갈 십 대를 위한 정치 수업

초판 1쇄 발행 2023년 7월 20일
초판 3쇄 발행 2024년 10월 30일

지은이 리치 나이트
그림 앨런 샌더스
옮긴이 정아영

펴낸이 김진규
경영지원 정동윤
책임편집 김민영

펴낸곳 (주)시프 | 출판등록 2021년 2월 15일(제2021-000035호)
주소 경기도 고양시 덕양구 권율대로668 티오피클래식 209-2호
전화 070-7576-1412
팩스 0303-3448-3388
이메일 seepbooks@naver.com

ISBN 979-11-92421-25-4 43300

차례

안녕, 보스가 된 걸 축하해!

이제 너는 완전히 새로운 나라 하나를 손에 넣었어. 어떻게 손에 넣게 됐는지는 묻지 않을게. (굳이 알 필요는 없을 것 같아.) 어쨌든 일인자가 된 소감은 어때? 아니면 대장? 넘버원이라고 불러 줄까?

꽤 기분이 괜찮지. 하지만 살짝 긴장해야 할 걸? 최고 결정권자가 되는 건 쉬운 일이 아니거든. 지금부터 많은 결정을, 그것도 빠른 시간 안에 내려야 해. 우물쭈물하면 국민들이 화가 나서 너를 내쫓을

지도 몰라. 네가 쓸모없으면 감옥에 던져 넣을 수도 있어!
(정말 너무너무 쓸모가 없으면 대통령 궁을 습격해서 목을 댕강 자를 지도! 하지만 걱정하지 마, 요즘에는 이런 일이 잘 없어.)

할 일이 한두 가지가 아닌 건 분명해. 넌 방금 '정치'의 세계에 뛰어들었고, 그 말은 지금부터 나라를 다스릴 '정부'를 세워야 한다는 거야.

정부 지도자가 된 너에게는 나라 안의 모든 사람에게 영향을 줄 수 있는 결정을 내릴 권력이 있어. (때로는 다른 나라 사람에게 영향을 미치는 결정도 해.)

넌 전쟁을 할지 말지부터 결혼을 하려면 몇 살이 돼야 하고, 아이들은 하루 몇 시간 동안 학교 수업을 들어야 하는지, 자동차 통행 방식은 우측통행인지 좌측통행인지 등 온갖 것을 정해야 해.

정부의 결정은 시민의 삶에 두루두루 영향을 끼쳐. 정부의 선택에 따라 건강 수준, 교육 수준, 나아가 행복 수준까지 천차만별로 달라져.

물론 큰 책임이지. 하지만 다행히도 넌 혼자가 아니야. 너에게는 이 책이 있어. 이 책을 읽다 보면 어떤 나라를 만들고 싶은지(전 세계가 주목할 위대한 나라를 만들고 싶다고?), 어떤 지도자가 되고 싶은지, 그리고 어떤 가치를 실현하고 싶은지 알게 될 거야.

지도자들이 나라를 망치는 이유는 정치가 어려워서가 아니라 자신이 왜 그 자리에 있는지 잊어버리기 때문이야. 자기 자신이나 친구들에게 이로운 것과 국민에게 이로운 것을 혼동하는 거지. 넌 이런 실수를 하지 않으리라 믿어.

넌 현대 역사상 최초로 국가를 통치하기 위해 학교를 떠난 청소년이지. (당분간 그렇다고 하자.) 정말 굉장해! 그런데 권력을 차지하는 건 어떻게 보면 쉬운 일이야. 지금부터 해야 하는 '권력을 쓰는 일'이야말로 어려운 일이지.

지도자가 아닌 청소년들을 위한 참고 사항

실수로 이 책을 들었더라도 (지금 총리나 대통령이나 황제가 아니더라도) 계속 읽어 나가면 좋겠어. 다른 이유를 모두 떠나 언젠가 네가 지도자가 될 수도 있으니까. 게다가 변화란 위에서부터 시작되는 것이 아니야.

놀랄지도 모르겠지만 세상 어디에 살고 있든 가능성이 얼마나 없어 보이든, 너는 변화를 만들 수 있어. 자신이 믿는 가치를 위해 나서는 데 결코 이른 때란 없어. 이 책의 뒤쪽에는 우리처럼 작고 힘없고 평범한 시민(무례한 의도로 하는 말이 아니야)이 어떻게 변화를 일으킬 수 있는지도 살펴볼 거야.

1장

중요한 질문

제일 처음 해야 하는
결정이 대통령 궁 어느
건물에서 지낼지, 따뜻하게
몸을 담글 욕조는 어디에
설치할지 같은 거라면
얼마나 좋겠어.
하지만 네가 관심을
쏟아야 하는 중요한 문제를
알리려고 보좌관들이
너도나도 줄을 서 있어.
그리고 책상 위에는 서류
더미가 잔뜩 쌓여 있지.

맨 위의 서류는 수석 보좌관✦이 건넨 것으로 간단한 질문 한 가지가 쓰여 있어. “어떤 형태의 정부를 수립하고 싶은가요?” 생각한 게 없다고? 지금부터 생각하면 돼.

세계의 다양한 정부 형태를 살펴보고 어떤 정부를 선택하는지에 따라 네 일이 달라질 수 있다는 사실을 이해하고 나면 수석 보좌관의 질문에도 답할 수 있을 거야. (그런 다음 욕조를 사라고 보내는 거지).

가장 먼저 생각해 볼 점은 정통성과 공정성을 갖춘 정부는 어떤 정부인가야.

‘정통성’을 갖춘 정부란 국민이 인정한 정부를 말해. 즉, 대다수의 사람이 자신들에 대한 통치권을 받아들이는 정부라는 뜻이야. (때로는 정부가 동의할 수 없는 결정을 내린다 해도 말이지.)

✦ 일반적으로 지도자 곁에는 조언을 해 줄 수 있는 수많은 사람이 있어. 그중에서도 수석 보좌관은 늘 지도자와 함께하며 결정을 보좌하는 사람이야. 정치 세계의 단짝이라고나 할까? 그렇지만 실제로 제일 친한 친구가 아닌 전문가를 선택하는 게 좋을 거야.

그리고 공정성을 갖춘 정부란 국민의 말에 귀를 기울이고, 국민의 뜻을 우선하며, 국민을 위해 봉사하는 정부라는 의미야.

교장 선생님을 떠올려 봐. 교장 선생님의 말씀이 매번 마음에 들진 않겠지만 (전부 마음에 들지 않을 수도 있지) 그렇다고 교장 선생님에게 학교 총책임자로서의 '정통성'이 없다고 생각하지는 않을 거야. 교장 선생님은 자격이 있고, 경험도 있고, 다른 선생님들도 교장 선생님에게 만족하고 있는 듯해.

반면 키이스(맨날 옷에 삶은 달걀 부스러기를 묻히고 다니는 남자아이)가 아무리 쿵쿵대고 교무실을 휘젓고 다니며 자기야말로 '진정한 교장'이라고 주장해도 네가 키이스를 학교의 정통성 있는 책임자라고 생각할 리는 없을 거야.✦

지금부터 네가 선택할 수 있는 갖가지 정부 형태를 재빨리 훑어볼 거야. 어떤 정부가 공정하게 느껴지는지 살핀 뒤, 하나를 골라 보자. (서둘러야 해! 책상 위의 서류 더미가 까딱하면 쓰러질 것 같아, 게다가 지금 이 순간에도 더 높아지고 있어.)

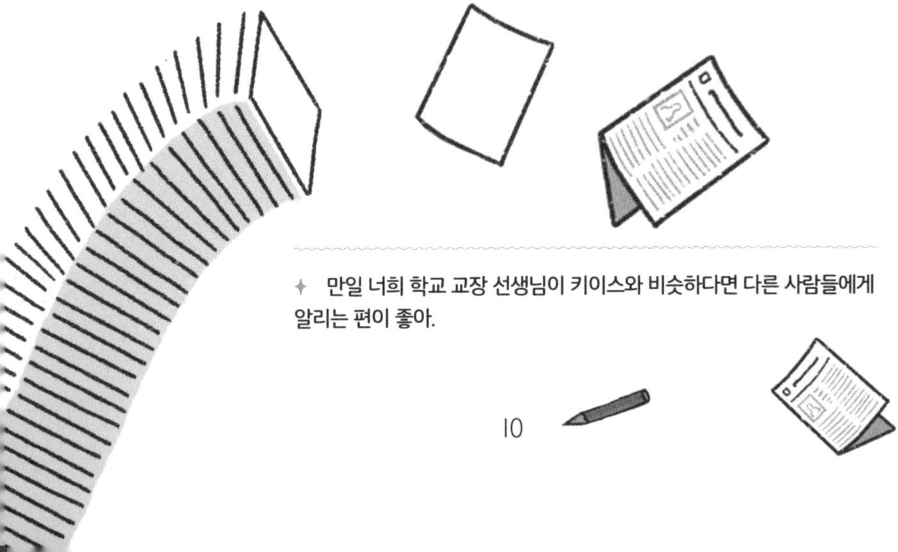

✦ 만일 너희 학교 교장 선생님이 키이스와 비슷하다면 다른 사람들에게 알리는 편이 좋아.

민주주의

민주주의는 국민이 나라의 통치자를 뽑는 정치 체제야.

선거를 통해 정부를 구성하지. 민주주의 국가에서는 일정한 나이가 되면 누구나 원하는 통치자를 뽑을 수 있어. 이렇게 선출된 정부가 다음 선거로 새 정부가 들어설 때까지 국민을 위해 일하게 돼.

민주주의(데모크라시, democracy)는 '민중'을 뜻하는 그리스어 '데모스(demos)'와 '권력'을 뜻하는 그리스어 '크라토스(kratos)'가 합쳐진 단어야.✦ 민주주의는 2,500년 전 고대 그리스에서 탄생했어.

전 세계에는 대한민국, 캐나다, 코스타리카, 남아프리카, 영국, 미국 등 많은 민주주의 국가가 있어.

✦ 알아 두면 좋은 또 다른 그리스어 합성어로는 금권 정치(플루토크라시, plutocracy)가 있어. 재산을 뜻하는 '플루토스(ploutos)'와 '크라토스'가 합쳐진 단어야. 무슨 뜻인지 눈치챘을 것 같은데? 맞아, 금권 정치는 부유한 계층이 자신들의 이익을 위해 나라를 지배하는 정치 체제야. 이런 체제가 공정한 정치 체제라고 할 수 있을까?

사실 세계의 절반이 민주주의 국가야. 따라서 너도 민주주의 국가에서 살고 있을 가능성이 커.

민주주의라고 해서 모두 같은 민주주의는 아니야. 민주주의에도 여러 형태가 있거든. 그런데 모든 민주주의 국가에서 공통으로 발견되는 특성이 있어.

민주주의 국가의 시민들은 자신의 생각을 드러낼 수 있는 '표현의 자유'를 누려. 얼마든지 정부를 비판해도 돼. 언론인들은 '언론의 자유'를 보장받기 때문에 처벌에 대한 두려움 없이 자신의 비판을 자유롭게 보도할 수 있어.

표현의 자유나 언론의 자유(혹은 둘 다)가 없는 국가는 진정한 민주주의 국가가 아니야. (네가 사는 나라가 민주주의 국가인지 아닌지 잘 모르겠다면, 신문이나 뉴스를 확인해 봐. 사람들이 자기 생각을 자유롭게 쓰고 말하는 것 같아?)

또 진정한 민주주의 국가에서는 법이 모든 국민에게 똑같이 적용돼. (법을 만든 정치인도 마찬가지야.) 그리고 선거에서 진 민주 정부는 못마땅해하지 않고 새로운 당선인들에게 권력을 넘겨주지.

정치 체제를 민주주의로 채택하면 국민들이 원하지 않을 때 국가 지도자는 자리에서 물러나야 해. 머지않아 국민들은 선거를 통해 새로운 인물을 뽑을 거고, 그러면 너는 일을 잃게 되겠지. 듣기 좋은 이야기는 아니지? 비판을 받을 수 있다는 것 자체가 싫을지도 모르겠어.

하지만 네가 이끄는 국가의 시민들에게 민주주의가 가장 공정한 정부 형태라면, 네가 겪게 될 단점은 감수할 만하지 않을까? 민주주의에 찬성한다면 몇 가지 선택을 더 해야 해. 민주주의를 작동시키는 일은 굉장히 까다롭거든. 민주주의에 관해서는 잠시 후 더 자세히 다룰 거야. 우선 다른 정치 체제를 계속 살펴보자.

무정부 상태

무정부 상태는 이제 막 권력을 잡은 네 입장에서는 썩 반가울 리 없는 국가 형태야, 권력을 다시 내놔야 한다는 뜻이거든. 무정부 상태란 정부가 없다는 거야. 여기에서는 뭐든지 다 돼!

무정부주의자들은 '아래'로부터의 조직을 추구해. 보통 사람들('아래'에 있는 사람들)이 '위'에 있는 목소리 큰 사람들(바로 너!)의 명령과 간섭에서 벗어나 자신들의 사회를 자유롭게 운영할 수 있어야 한다고 생각해.

무정부주의자들은 아무리 모든 사람에게 공정한 정치를 내세우며 출범한 정부라 해도 실제로 필요한 것보다 큰 권력을 휘두를 수밖에 없다고 생각해. 어떤 정부든 결국 보통 사람이 아니라 부자와 힘 있는 사람을 위한 정치를 한다는 거지.

무정부주의에 반대하는 이들은 규칙과 처벌이 없으면 사람은 화가 난 세 살 아이처럼 발을 구르고 물건을 부수거나 다른 사람 코에 크레용을 꽂게 될 것이라고 우려해.✦

무정부주의자들은 인류 역사 대부분의 시간 동안 정부가 없었지만 (우리가 숲을 돌아다니며 창으로 설치류를 사냥하고 열매를 따 먹으며 수렵 채집으로 살아가던 시기) 별문제 없었다고 반박하지.✦✦
정부가 없는 현대 국가를 상상하는 건 어려워. 한 가지 이유는 실제로 무정부 사회를 건설하려 시도한 사람이 없었기 때문이야.

혹시 무정부 사회를 건설한 첫 번째 인물이 되고 싶어?

✦ 너도 알겠지만 코에 크레용을 꽂는 건 정말 위험한 행동이야. 무정부주의자든 아니든 하면 안 되는 일이지.

✦✦ 글쎄, '별 문제' 없긴 한데, 어쨌든 창으로 쥐를 잡아 먹고 살았지.

군주제

군주제를 고르면 네 비위를 맞춰 주는 하인들이 가득한 궁전에 살며 값을 매길 수 없는 보석으로 치장하고 황금 마차를 타고 다닐 수 있을 테니, 아무래도 구미가 당길 거야.

왕이나 여왕을 '군주'라고 하는데, 군주제에는 두 종류, 즉 절대 군주제와 입헌 군주제가 있어. 간단히 말해 **절대 군주**는 절대 권력을 휘두르며 국민을 자기 마음대로 지배할 수 있고, **입헌 군주**는 권력이 제한돼 있지.

둘 중 어느 체제에서든 군주의 지위는 태어나면서 자연스럽게 갖게 되는 것이라고 할 수 있어. (흔히 부모로부터 첫 번째 자녀에게로 세습돼.) 그렇지만 모든 왕가는 시작점이 있는 법. 네가 새로운 왕가를 여는 건 어때?

마차, 보석, 하인도 두 가지 군주제 모두에서 가질 수 있어. 그렇다면 어느 쪽이 더 마음에 드는지 판단할 수 있도록 조금 더 자세히 살펴보자.

절대 군주제

절대 군주는 모든 걸 지배하는 왕 또는 여왕을 가리키지. 절대 군주가 다스리는 국가에 사는 보통 사람은 통치 방식에 대해 아무런 의견도 말할 수 없어. 인류 역사를 돌아보면 무소불위의 권력을 행사한 군주가 세계 곳곳에 있었어.

14세기 서아프리카 말리 제국의 왕 만사 무사는 어마어마한 부자였어. 금괴를 진 12,000명의 노예를 거느리고 여행을 했는데, 길에서 만나는 가난한 사람들에게 금괴를 나눠 주었다고 해.

중국에도 막대한 권력을 휘두른 인물들이 있었어. 그중 7세기의 측천무후는 중국 역사상 유일한 여황제로, 권력을 장악하는 과정에서 정적(정치에서 의견과 처지가 반대되는 사람을 가리키는 말이야_옮긴이)을 제거할 때 팔다리를 잘라 술독에 빠뜨려 죽이기도 했어.

✦ 시원찮은 농담을 집어넣은 점, 여러분에게 사과할게.

유럽에는 커다란 수염에 진지한 표정을 짓고 있는 왕과 여왕이 많았어. (물론 여왕보단 왕들이 수염을 길렀지.) 유럽에서는 영국의 앨프레드 대왕(대왕은 왕 중에서 특별히 훌륭하고 뛰어난 왕을 부르는 말이야_옮긴이), 덴마크의 크누트 대왕, 러시아의 예카테리나 대제 등이 유명해. 그런데 군주의 지배를 받던 유럽 사람들은 마침내 자신들의 왕과 여왕이 정말로 훌륭하고 뛰어난지 의심하기 시작했어. 그리고 약 150년 전, 사람들은 수많은 절대 군주를 왕좌에서 쫓아냈고, 처형시키기도 했어. (그러면 자신들의 뜻을 더 확실히 전달할 수 있으니까.)

오늘날까지 절대 군주제를 유지하고 있는 국가는 몇 개국 되지 않아. (중동의 오만과 사우디아라비아 등이 있어.) 그래도 도전해 보고 싶어? 원한다면야. 절대 군주제가 공정하고 정통성 있는 정부 형태라고 할 수 있을까? 결정은 네 손에 달렸어.

입헌 군주제

입헌 군주는 언뜻 나라를 지배하는 것처럼 보이지만 헌법✦이 정한 원칙에 따라 권한이 제한돼 있는 왕과 여왕을 가리켜.

입헌 군주국에서 왕과 여왕은 '국가 원수'지만✦✦ 정부 수반은 아니야. 그렇기 때문에 입헌 군주제는 민주주의와 양립할 수 있어. 스웨덴, 태국, 영국, 네덜란드, 일본, 덴마크 등이 바로 민주주의를 채택하고 있는 입헌 군주국이지.

물론 입헌 군주도 권력이 없는 게 아니야. 총리가 엉망진창이어서 의회 의원들까지 그의 퇴진을 바라는 상황이라면 왕이나 여왕이 개입해서 다른 인물에게 총리직을 내주도록 할 수 있어. (의회는 국민이 뽑은 사람들이 모여 회의를 하고 새로운 법을 만드는 곳이야.)

그렇지만 대체로 입헌 군주들은 최선을 다해 정치에 관여하지 않아. 그래서 입헌 군주라면 으레 즐길 법한 승마나 다트 같은 취미에 더 많은 시간을 쏟을 수 있지.

✦ '헌법'이란 국가의 기본 원칙을 총체적으로 담고 있는 법으로, 주로 법전의 형식을 갖추고 있어. 헌법은 오랜 시간에 걸쳐 서서히 확립되기도 하고, 한꺼번에 만들어지기도 해. 너도 지금부터 통치할 나라를 위해 헌법이 있어야 할 거야. 최대한 빨리 팀을 꾸려 헌법 제정에 힘을 쏟는 게 좋을걸?

✦✦ 국가를 대표하는 중요한 역할을 하지만 실질적인 통치자는 아닐 수도 있어.

독재

독재자는 절대적인 정치권력을 가진 한 사람의 개인을 의미해. (왕족이 아니고 권력을 가지고 태어나는 게 아니라는 점을 빼면 절대 군주와 비슷해.) 독재자의 통치를 받는 사람들은 절대 군주의 통치를 받는 사람들과 마찬가지로 통치자가 어떤 정치를 펴는지에 대해 발언권이 없어.

때로 독재자들은 무력으로 정치권력을 빼앗아. (이걸 '쿠데타'라고 해.) 또 때로는 공정하지 않은 방법으로 선거에서 승리한 뒤, 그제야 독재자로서의 면모를 만천하에 드러내기도 하지.

독재 정권 아래에서 살아가는 사람들은 고통을 겪어. 독재자들은 개인의 권리[✦]를 무시하고, 모든 사람의 삶을 통제하려 하기 때문이야. 독재자들은 비판을 허용하지 않으며, 반대하는 사람은 누구든 공격해.

또 TV, 신문, 소셜 미디어를 이용해 자신의 이미지를 긍정적으로 조작하는 '프로파간다(사실처럼 선전하는 거짓말)'를 퍼뜨려.

독재자들은 이웃 나라와 전쟁을 일으키고, 자국민도 수없이 가두거나 죽였어.

✦ **권리란 모든 사람이 당연히 누려야 한다고 생각되는 기본적 자유야. 생존할 권리, 말할 권리, 하지 않은 일로 구속되지 않을 권리 등이 있어.**

가끔 자신은 '자비로운 독재자'라고 말하는 독재자가 나타나기도 해. "네, 인정합니다, 저는 독재자예요. 그렇지만 국민을 돕고 싶은 마음뿐인 선량한 독재자죠." 지금까지 그런 말은 전부 진실이 아니었어.

정말 끔찍한 독재자도 있어. 독일을 제2차 세계 대전으로 이끈 아돌프 히틀러는 그중에서도 최악의 인물이야.

히틀러가 시작한 전쟁으로 사망한 사람은 8500만 명가량으로 추산돼. 히틀러는 유대인을 싫어했고, 독일이 패배하면서 더 이상 홀로코스트를 자행할 수 없을 때까지 600만 명의 남성, 여성, 어린이들을 학살했어.

민주주의는 어떻게 작동할까?

앞의 내용을 쭉 읽고 보니 민주주의 정치 체제에 마음이 끌린다면? 너만 그런 게 아니야. 많은 지도자가 같은 선택을 했어. 하지만 선택은 여기서 끝이 아니야. 민주주의 사회에서는 사람들이 투표로 자신의 의견을 표현해. **지금부터 스스로에게 물어봐야 할 첫 번째 질문은 이거야. "모든 시민이 모든 정치 결정에 직접 참여해야 할까?"** 이러한 정치 형태를 **직접 민주주의**라고 해.

직접 민주주의 국가에서는 중요한 결정을 할 때마다 '국민 투표'를 통해 모든 시민에게 의견을 물어봐. 그다음 과반수(절반이 넘는 수)가 찬성하는 쪽으로 결정을 내리는 거야.

민주주의를 발명한 고대 그리스에서 바로 이러한 방식의 민주주의가 이루어졌지.✦ 오늘날 직접 민주주의를 시행하고 있는 나라는 전 세계에서 스위스뿐이야.

스위스 사람들은 국민 투표를 통해 자신의 의견을 말할 기회가 많아. 또 스키를 타러 가거나 녹인 치즈를 먹을 기회도 많지. 아무 상관없는 말이지만.

직접 민주주의는 공정성을 확보하고자 하는 제도야. 그런데 한계도 있어.

만일 표결에 부쳐진 사안이 정말 복잡한 사안인데 대부분의 유권자가 충분히 살펴볼 시간이 없다면? 투표한 사람이 별로 없어서 투표 결과가 시민 다수의 뜻을 반영하는 게 아니라 투표한 사람 중에서 다수의 뜻을 반영하고 있을 뿐이라면? 그리고 언제나 다수의 뜻대로 결정이 이루어진다는 건 소수의 뜻은 영영 무시될 수밖에 없다는 것 아니야? 자, 이 상황이 공정한 걸까?

✦ 민주주의는 고대 그리스 아테네에서 시작됐어. 그런데 아테네 민주주의는 지금의 민주주의와 아주 달라. 아테네 사람들은 무작위로 뽑은 500명에게 1년 동안 공직을 수행하도록 했어! 이들이 법안을 만들면 모든 시민이 참여할 수 있는 민회에서 표결이 이루어졌지. 민회가 열릴 때는 도료를 바른 밧줄로 길을 막아서 더욱 많은 시민이 참여하도록 독려하기도 했어. 민회에서 빠져나가려다 옷에 도료가 묻은 사람은 불이익을 받았어.

스위스 사람 다수가 학교 점심 급식으로 매일 녹인 치즈가 나와야 한다고 (게다가 다른 건 아무 것도 필요 없다고) 생각한다고 하자. 그런데 학교에 다니는 아이들 중 소수가 치즈를 먹으면 병에 걸린다고 해.

다수의 이익이 소수의 피해로 이어지는 상황에서도 다수가 원하는 방향으로 정책이 결정되는 것이 (이 이야기에서는 녹인 치즈 급식이야) 공정하다고 할 수 있을까? (참고로 진짜 스위스 정부는 치즈를 싫어하는 아이에게 억지로 치즈를 먹으라고 강요하지 않아. 녹인 치즈든 안 녹인 치즈든.)

직접 민주주의와 녹인 치즈 문제의 대안이 **대의 민주주의**야. 대의 민주주의 사회의 시민은 모든 문제에 투표하지 않아. 선거를 통해 자기 대신 그 문제에 대답할 사람을 뽑지.

대의 민주주의에서는 나라를 '선거구'라고 하는 단위 구역으로 나눠. 그리고 각 선거구에 사는 사람들에게 자신들을 대표할 사람을 선출하도록 해. 이 대표들이 의회에 가서 법을 만들고 나라를 운영하는 거야.

몇 년이 지나면 대표들은 다시 유권자의 심판을 받아. 유권자는 대표가 의회에서 한 활동이 마음에 들지 않으면 이번에는 다른 사람을 보내기로 선택할 수 있어.

그렇기 때문에 대의 민주주의 국가에서는 시민들이 정치에 신경을 덜 쓰고 자기 삶을 꾸리는 데 집중할 수 있어. 한편 대표자는 자신에게 표를 준 사람뿐 아니라 선거구 내 모든 사람의 이익에 관심을 기울여야 하지.

예를 들어 녹인 치즈를 좋아하는 사람들과 녹인 치즈를 싫어하는 사람들이 충돌을 빚는 걸 보고, 치즈 대신 비건 핫도그가 학교 급식으로 좋겠다는 결론을 내릴 수도 있어.

그러나 어떤 제도도 완벽하지 않아. 대의 민주주의 제도에도 한계가 있어. 가장 큰 문제는 선거와 선거 사이에 보통 사람은 발언권이 거의 없다는 거야. 의회로 보낸 대표가 일을 잘해 주길 바라는 수밖에 없지. 민주주의 국가를 만들기로 했다면 직접 민주주의 체제와 대의 민주주의 체제 중 어느 쪽이 더 적절한지 선택해야 해. 질문은 또 있어.

지도자나 정부가 일을 하기 위해 필요한 권력을 충분히 주되 그들이 권력을 무한정 휘두르거나 국가의 일을 함부로 처리하지 않게 하는 제도를 만들려면, 어떻게 해야 할까?

답은 '견제와 균형의 원리'야.

이 원리는 흔히 미국 정치 제도의 특징으로 언급되곤 하는데, 사실 제대로 된 민주주의 국가는 어느 국가든 이 원리를 실현하고 있어.

견제와 균형의 원리란 국가 권력을 독립된 여러 개의 기관이 나누고 서로 견제하도록 하는 것을 말해.

미국 정부는 **행정부**(대통령), **입법부**(각 지역에서 선출된 의원들), **사법부**(법관들) 세 개의 부로 나뉘어 있어.

입법부는 법률을 만들지만 대통령이 막을 수 있어.
대통령은 명령을 내리지만 입법부가 막을 수 있지.
사법부는 이 법률과 명령에 위법 판정을 내릴 수 있어. (그렇게 해서 막아.)

입법부의 의원들이 고양이 키우는 걸 금지하기로 결정했다고 상상해 봐. (새를 사랑하는 사람들의 압력에 굴복했기 때문이야.)

그런데 대통령이 이 법을 거부했어. (왜냐하면 대통령은 고양이를 좋아하거든.) 대신 개를 키우는 것을 금지하는 명령을 내렸어. (프랑스 대통령이 국빈 방문 때 데리고 온 푸들이 관저 뜰에 똥을 싸고 간 다음부터 쭉 개를 싫어했거든.)

대법원의 법관들은 신나게 골프를 치고 햄버거를 먹다가 (뭘 하든 재미있게 놀다가) 부리나케 달려와 헌법(국가를 통치하는 데 기본이 되는 법)을 바탕으로 입법부와 행정부가 결정을 내리는 걸 도와줄 거야. 자, 헌법에 이렇게 명시돼 있다고 상상해 봐.

모든 국민은 털북숭이 친구와 우정을 나누기 위해 고양이를 키울 권리를 가진다.

법관들은 고양이 금지는 (헌법과 충돌하므로) 위법하지만 개 금지는 괜찮다고 판결할 테지.

이렇게 '견제와 균형의 원리'는 대통령이 권력에 눈먼 사이코로 밝혀지거나 입법부 의원들이 권력에 눈먼 사이코들로 밝혀져도 현명한 다른 권력 주체가 조처를 할 수 있기 때문에 중요해.

의회를 구성하는 사람들은 어떻게 뽑아야 할까?

대의 민주주의 국가를 건설할 계획이라면 의회로 보낼 사람을 결정하기 위한 선거 제도를 선택해야 해.

여러 가지 선거 방법 중 어떤 방법이 가장 좋은지 찾기 위해 오로지 선거 제도만 연구하는 교수들도 있어. 아주아주 복잡한 선거 제도도 있지.

그중에서 대표적인 선거 제도는 **다수 대표제**와 **비례 대표제**야.

총 의석이 300석인 의회를 (의회 의원이 모두 300명이라는 뜻이야) 만든다고 해 보자. 각 의석은 나라의 한 부분(선거구)을 대표해. 유권자들은 선거를 통해 의회에서 자신들의 선거구를 대표할 사람을 선택할 수 있어.

네가 세운 국가에 옐로당, 핑크당, 퍼플당, 이렇게 세 개의 주요 정당이 있다고 해 보자.

정당은 정치적 의견을 같이하는 사람들이 모여 조직한 단체를 뜻해. 너도 민주주의 국가를 만든다면 정당이 있어야 할 거야.

미국의 공화당, 호주의 자유당, 영국의 노동당을 들어 봤을 거야. 정당은 훨씬 더 많아. 정당은 같은 정치 이념을 중심으로 많은 사람을 조직화하는 데 효과적인 수단이야.

'의회 민주주의'에서 선거철이 되면 정당은 후보자를 내고 자기 당 출신이 당선돼 더 많은 의석을 확보할 수 있도록 노력해.

다수 대표제에서 정당이 승리하기 위해서는 300석 중 과반을 확보해야 해. 만일 퍼플당이 151석 이상을 얻는다면 퍼플당의 승리야. 이로써 퍼플당이 정부를 구성하게 되지. 과반의 의석을 확보한 당이 없으면 상황이 조금 복잡해져. 몇 개의 정당이 힘을 합쳐 과반을 채워 '연정(연립 정부)'을 구성하기도 해. (핑크당과 옐로당이 얻은 의석수를 합치면 151석 이상이 되고, 두 정당이 연합하기로 한 경우를 말해.)

다수 대표제는 영국, 미국, 캐나다, 인도 및 여러 아프리카 국가에서 채택하고 있어.

이 제도의 문제점 중 하나는 자신이 원하는 결과를 얻지 못하는 투표자가 많이 생긴다는 거야. 예를 들어 퍼플당이 151석을 얻는다면, 핑크당과 옐로당이 얻게 되는 의석은 149석이야. 핑크당과 옐로당에 투표한 사람들도 상당히 많다고 볼 수 있어. 이 사람들은 결과가 불만족스러울 거야.

의회에 있는 핑크당과 옐로당 의원들은 퍼플당 정부에 제동을 걸 수 있어. 그렇지만 정부에 참여할 수는 없지.

사실 다수 대표제의 문제는 더 심각해. 어느 선거구에서 투표 결과 퍼플당 후보가 1만 표를 얻어 당선되고, 핑크당 후보는 9,999표를 얻어 떨어졌다면?

퍼플당 후보는 의회로 가고 핑크당 후보는 집으로 갈 거야. 그리고 원하는 결과를 얻지 못한 투표자가 무려 9,999명이나 돼.

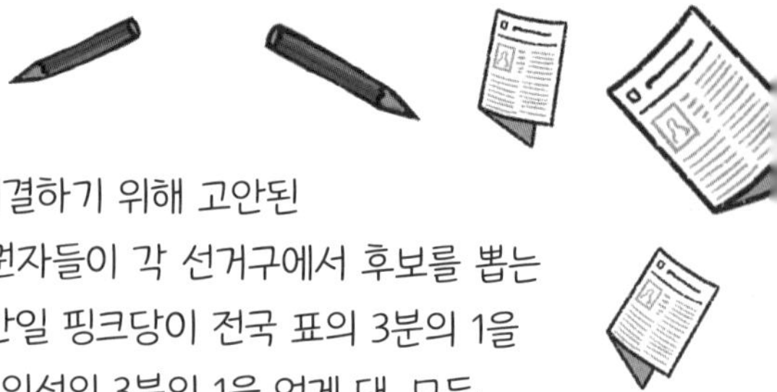

비례 대표제는 이 문제를 해결하기 위해 고안된 제도야. 비례 대표제에서는 유권자들이 각 선거구에서 후보를 뽑는 게 아니라 정당에 투표를 해. 만일 핑크당이 전국 표의 3분의 1을 받는다면, 핑크당은 의회 전체 의석의 3분의 1을 얻게 돼. 모든 투표자의 의사가 반영되는 거지. 대부분의 유럽 국가에서는 비례 대표제를 실시하고 있어.

비례 대표제에서는 어느 한 정당이 독보적으로 승리하기가 어려워. 그렇기 때문에 연립 정부가 구성될 가능성이 커.

사람들이 연립 정부 형태를 지지하는 데는 모든 표가 의석수에 반영된다는 점 말고 다른 이유도 있어. 바로 정부가 다양한 의견과 관점을 지니게 된다는 점, 그리고 정치인들이 타협과 합의의 정치를 모색하게 된다는 점 등이야.

한편 비례 대표제에 반대하는 사람들은 연립 정부가 서로 좋아하지 않는 여러 정당으로 구성될 수 있다는 점을 우려해. 그러면 정책 집행이 안정적으로 이루어지기가 어렵거든.

연립 정부를 이루게 된 정치인들은 서로 말다툼을 벌이거나 회의실을 뛰쳐나가느라 많은 시간을 쓸 수밖에 없다는 거야.

완벽한 선택지는 없어. 그렇지만 민주주의 지도자가 되려면 (네가 민주주의를 선택했다는 가정하에) 선거 방식을 고르지 않고 넘어갈 순 없어. (한국은 국회 의원의 일부는 다수 대표제로, 일부는 비례 대표제로 뽑아. 이렇게 두 방식을 혼합해서 선거 제도를 만들 수도 있어_옮긴이)

어린이에게도 투표권이 있어야 할까?

세계적으로 16세 미만의 청소년에게 투표권이 있는 나라는 없어. 아르헨티나, 오스트리아, 브라질, 에콰도르, 몰타, 스코틀랜드, 웨일스 등 몇 안 되는 나라가 16세부터 투표권을 줘. 그리고 거의 모든 민주주의 국가에서는 18세부터 투표가 가능해. 간혹 카메룬처럼 투표권을 행사할 수 있는 연령이 18세보다 높은 나라도 있어. 왜 그럴까? 어린이와 청소년은 아직 세상에 대해 잘 모르기 때문에 합리적인 의사 결정을 내릴 수 없다고 생각하는 사람들이 있거든.

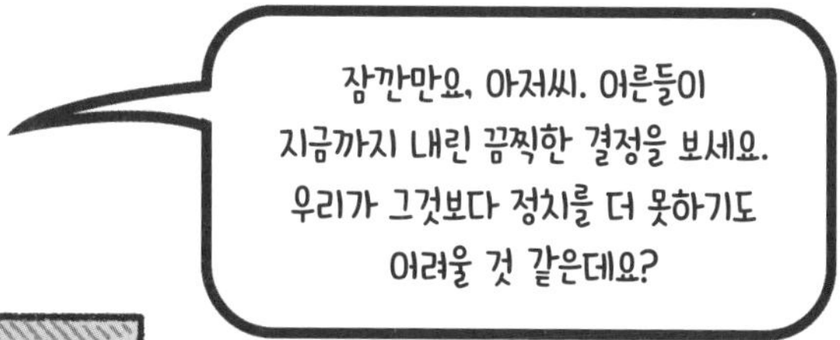

어린이와 청소년에게도 투표권을 줘야 한다고 생각해? 사실 그렇게 생각하는 사람들도 적지 않아. 최근 한 정치학자는 투표 연령을 6세로 낮춰야 한다고 주장하기도 했어. 유권자가 많을수록 민주주의가 더 잘 작동할 수 있기 때문이래.

여성과 재산이 없는 사람은 투표권이 없던 시절이 있었어. 이들이 이게 얼마나 불공평한 일인지 소리 높여 외치고 투표권을 요구했기 때문에 상황이 바뀌었지. 20세기 초 영국에서는 여성 참정권 운동가들, 즉 서프러제트들이 여성에게도 투표할 권리를 달라고 주장했어. 그 결과 1918년부터 여성들도 투표를 할 수 있게 됐지.

더 많은 사람에게 투표권을 주면 더 공정한 정부를 만들 수 있어. 선거에서 이기길 바라는 정부는 더 많은 투표권자의 마음을 얻기 위해 노력할 수밖에 없거든. 1918년 이후 여러 나라 정부에서 표를 잃지 않으려고 여성의 의견도 무시하지 않게 된 것처럼 말이야.

그러니 어린이에게 투표권을 주자는 것도 뜬구름 잡는 이야기가 아니야. 어린이는 사회의 커다란 한 부분이자 어엿한 시민임에도 아직 어떤 민주주의 국가에서도 정치에 대한 발언권이 없어.

투표를 통해 자신들의 생각을 지도자에게 전달할 수 있게 된다면 어린이도 정부로부터 합당한 수준의 관심을 기대할 수 있게 될지 몰라. 그런데 여섯 살짜리가 환경 문제 해결에 힘쓰자는 것처럼 심각한 일에 찬성표를 던질까, 아니면 공원 연못에 악어를 풀어 두자는 것처럼 말도 안 되는 일에 찬성표를 던질까?

넌 새로운 국가의 지도자로서 누구에게, 몇 세부터 투표권을 줄지 결정해야 해. 어린이에게 투표권을 주는 것은 위험한 일일지도 모른다는 생각이 드는 한편, (공원의 악어를 생각해 보면 그렇겠지?) 정말 위험한 일은 계속 어른만 투표권을 갖고 있는 상황이라는 생각도 들 거야.

그래서 어떤 정부 형태가 좋겠어?

물론 지금까지 살펴본 것 중 마음에 드는 정부 형태가 없을 수도 있어. 대부분의 지도자는 수 세기 동안 이어져 온 정부를 맡게 되지만, 넌 정부 형태의 초석을 놓는 것부터 시작할 수 있는 행운을 잡았어. 얼마든지 새로운 걸 시도할 수 있다는 말이야.

동전을 던져 중요한 결정을 내리거나 (그렇게 하면 적어도 절반은 옳은 결정을 내릴 수 있으니까) 또 다른 그리스어 단어들을 섞어 전에 없던 정치 체제를 만들어 낼 수도 있지. 히포크라시는 어때?✦ 말에 의한, 말을 위한 정부라는 뜻이야.

그렇지만 많은 사람이 평범하고 오래된 민주주의가 말에 의한 정부보다 잘 작동하고 독재 정부보다 공정할 거라고 생각하지 않을까?

지구상에 말이 다스리는 나라는 없지만 (내가 알기로는 없어✦✦) 불공정한 정부는 항상 있었고 지금도 있어. 왜일까?

✦ '말'을 의미하는 그리스어 '히포스(hippos)'와 '권력'을 의미하는 '크라토스'를 합친 말인데, 그냥 듣고 잊어버려. 내가 방금 지어낸 단어거든. (게다가 엉뚱해도 너무 엉뚱한 아이디어야.)

✦✦ 실제로 정부 요직에 앉을 뻔했던 말이 있긴 있어. 고대 로마 황제 칼리굴라가 자신이 아끼던 말을 당시 아주 중요한 관직이었던 '집정관'으로 임명하려 했었다고 해.

넌 안 그럴 것 같다고? 솔직히 생각 안 해 본 건 아닐 텐데? 네가 대장이야! (너보다 높은 사람이 아무도 없다고!) 그러면 뭐든 네 마음대로 재미있게 하고 싶은 게 인지상정 아니야?

누구나 너를 '세상에서 제일 훌륭한 여왕님'이라고 부르게 할 수도 있어. 또 거대한 요새를 지어 곳곳에 대포를 설치한 다음 네 생각에 반대하는 사람들에게 버펄로 코딱지를 뭉쳐서 쏠 수도 있어.

감히 너에게 게임을 그만하라고 말하는 어른이 있으면 사마귀투성이에 코털이 삐죽삐죽 튀어나온 부하를 시켜 어둡고 축축한 던전에 가둔 뒤 무서운 형벌을 내릴 수도 있지.

어쩌면 이미 몇 쪽 전부터 민주주의는 겁쟁이나 원하는 거고 공정성은 루저에게나 필요한 거라고 생각한 사람도 있을 거야. 거기에 더해 무자비한 독재자가 될 계획까지 세웠을 지도 몰라. 체육 시간에 바지가 찢어졌을 때 널 비웃은 아이들을 모조리 투옥하겠다는 내용이 포함된 목록도 만들어 둔 거 아니야?

하지만 너 자신만이 아니라 모든 사람에게 최선인 정부를 만들고 싶다면, 국민이 원하고 필요로 하는 정부 형태를 생각해야 해.

좋은 생각이 있어. 국민이 원하는 게 무엇일지 목록을 작성해 보는 거야.

자유? 행복? 안전? 부자가 되기를 원할까? 정치에 신경 쓰지 않고 살 수 있도록 누군가 알아서 국가를 잘 다스리기를 바랄까, 아니면 자신들이 적극적으로 발언권을 행사할 수 있기를 바랄까?

이제 지금까지 다룬 정치 체제를 하나하나 다시 떠올려 보자. (네가 발명한 정치 체제가 있다면 그것도 당연히 떠올려 봐.) 네가 시민들에게 중요하다고 생각하는 것과 가장 잘 어울리는 정치 체제는 뭐야? 곰곰이 생각하고 결정해 보자.

그리고 방금 쓴 목록은 꼭 챙겨 두도록 해. 뒤에서 네가 무엇을 믿는지, 즉 어떤 가치를 지지하는지도 알아볼 예정이거든. 이 목록이 좋은 출발점이 될 거야.

새 국가를 위한 할 일 목록

나라를 세우려면 큰 결정들을 해야 하지만 창의력을 발휘해야 하는 일도 있는 법! 모든 나라에는 국기, 지폐, 국가 같은 것이 있다는 거, 알지? 누군가 반드시 이 모든 걸 디자인하고 작곡해야 해. 그런데 누가 너보다 잘하겠어? 앞으로 각 장이 끝날 때마다 이 일과 관련된 미션이 한 가지씩 주어질 거야. 첫 번째 할 일은 두말할 나위 없이 **국명, 즉 나라 이름 정하기야.**

이름이 중요해?

한 나라의 이름은 보통 그 나라의 역사를 거슬러 올라가야 기원을 찾을 수 있어. 그러니 새로운 이름을 뚝딱 만들기란 여간 어려운 일이 아니지. 하지만 최근에 이름을 새로 정한 나라도 있으니 참고가 될 거야. 남서아프리카에 있는 나미비아의 옛 이름은 '남서아프리카'였어. 그렇다면 빛나는 새 이름은 어디에서 왔을까? 바로 아름다운 나미비아의 국토 대부분을 이루고 있는 나미브 사막에서 따온 거야.

네가 만든 나라의 지도를 한번 그려 봐. 강과 산, 사막, 화산, 그리고 롤러코스터까지 나라의 중요한 특징은 뭐든 집어넣어서 그려. 그중 나라 이름을 따올 만한 게 있을까?

혹은 네 이름을 따서 나라 이름을 짓는 방법도 있어. 지나치게 으스대는 감이 있지만, 사실 개인의 이름을 따 나라 이름을 정한 곳이 한둘이 아니야. 볼리비아(시몬 볼리바르)도 그렇고, 사우디아라비아(무함마드 빈 사우드), 콜롬비아(크리스토퍼 콜럼버스), 그리고 미국의 영어 이름인 아메리카(아메리고 베스푸치)도 그래. 2018년에 스와질란드의 국왕 음스와티 3세는 자신의 이름을 따서 나라 이름을 에스와티니로 바꿨어. 스와질란드를 스위스(스위스의 영어 이름은 스위철랜드야)와 혼동하는 사람이 많아서 바꾸게 됐다고 해. (서로 7,000마일이나 떨어져 있고 에스와티니 사람들은 녹인 치즈를 그렇게 많이 먹지 않는데도 그렇대.)

지도자로서 갖게 된 권한을 바탕으로 새 나라의 이름을 다음과 같이 정한다.

네 이름을 따서 나라 이름을 짓고 싶지 않아?
솔직히 그러고 싶을 텐데? 거짓말하지 않을게, 내가 지도자라면
나는 나라 이름을 무조건 리치란디아라고 할 거야.

정치 체제는 다음과 같다.

민주주의 / 무정부 상태 / 독재✦ / 절대 군주제 / 입헌 군주제

여기서부터는 민주주의 정치 체제를 선택한 경우에만
적용되는 내용이야.

그리고 민주주의 중에서도 다음의 형태를 채택한다.

직접 민주주의 / 대의 민주주의

✦ 정말? 정말, 정말, 정말?

투표 제도는 다음과 같다.

다수 대표제 / 비례 대표제

투표권은

투표를 할 수 있는 제일 낮은 연령을 정할 차례야.

대부분의 나라처럼 18세라고 해도 좋고,

더 낮은 연령을 선택해도 좋아.

○○세 이상 누구나 갖도록 하겠다.

완전히 새로운 형태의 정부를 만들기로 했다면

훨씬 커다란 종이가 필요할 거야!

2장

누구와 함께 일할까?

이 장에서는 너와 함께 일할 팀, 그리고 너와 다른 나라의 관계에 대해 다룰 거야. 누구도 혼자서는 나라를 통치할 수 없어. 할 일이 너무 많거든. 그리고 또 네 나라의 힘만으로는 전 지구적 문제를 해결할 수 없어. 문제가 엄청나니까.

지금부터 너는 믿고 함께 일할 수 있는 사람이 누군지, 팀에 필요한 기술과 경험을 가진 사람은 누군지 알아내야 해.

팀원과는 많은 시간을 함께 보내야 할 테니, 거슬리는 습관이 있는 사람은 되도록 뽑지 말라고 조언하고 싶군.

또 동맹국(친구)이 될 수 있는 나라가 어느 나라인지도 알아내야 하고, 잠재적 적국에 대한 경계도 늦추지 말아야 하지.✦

함께 일할 팀

정부가 나라를 운영하는 데 필요한 일은 보통 여러 부서가 나눠서 해. 이렇게 하면 넌 여전히 정부의 총책임자지만, 부서를 이끄는 사람들이 따로 있고 그 사람들이 너에게 보고를 해.

✦ 두 나라가 적이 되는 데는 갖가지 이유가 있어. 나라들은 어떤 지역의 소유권을 둘러싸고 다투기도 해. 예를 들어 인도와 파키스탄은 카슈미르 지방을 서로 자기 땅이라고 주장하고 있어. 그 밖에도 여러 가지 역사적 이유로 서로 믿지 않거나 싫어하는데(미국과 이란이 한 예야), 너무 복잡한 이야기여서 짤막한 주석으로는 설명하기 어려워.

각 부서의 책임자는 흔히 장관 또는 각료라고 불러. 이 장관들이 바로 너의 팀이야. 내각이라고 하거나 중앙 위원회라고 하는 방법도 있지만, 네가 원하는 대로 이름 붙이면 돼.

이제 어떤 부서들을 만들고 싶은지 생각해 보자. 다음의 부서를 고려해 보면 어떨까?

재무부

재무부에 있는 중요한 사람들은 국가의 경제 정책을 총괄하지. (즉, 돈을 어떻게 벌어들이고 쓸지에 관련된 업무를 해.)

재무부는 시민으로부터 세금을✦ 어느 정도 걷을지, 그리고 세금으로 마련된 돈을 다른 정부 부처와 어떻게 나눌지 결정하고, 각 부처는 지도자인 네가 원하는 곳(학교, 병원, 초콜릿 분수 등등)에 그 돈을 쓰지.

✦ 세금은 나중에 다시 다룰 거야. 무척 중요한 문제거든. 세금이란 정부가 군함을 구입하는 데서부터 가로등을 설치하는 데까지 필요한 모든 비용을 대기 위해 시민으로부터 거두어들이는 돈이야.

정부에서 세금만으로 나라 살림을 하기가 어려울 땐 은행이나 다른 나라로부터 돈을 빌리기도 해. 돈을 빌리는 일은 보통 재무부 장관의✦ 책임하에 이루어져. 재무부 장관은 나라가 돈을 갚을 능력을 갖추도록 최선을 다해야 하지. 그뿐만 아니라 재무부 장관은 기업들의 성공을 도와 나라의 경제 성장에도 (쉽게 말해 나라가 가난해지지 않고 부유해지는 일) 힘써야 해.

✦ 재무부를 이끄는 인물을 뭐라고 부를지는 네 맘이야, 네 나라니까. 그냥 무난한 호칭을 선택하고 싶으면 '재무부 장관'이라고 하면 돼. 미국 정부에서 이렇게 불러. 영국에서는 전통적으로 챈슬러 오브 엑스체커(The Chancellor of the Exchequer)라고 부르고, 또 파이낸스 미니스터(Finance Minister)라고 부르는 방법도 있어.

외교부 또는 국무부

(미국은 국무부라고 하는 기관이 외교 정책을 담당해_옮긴이)

이 부서는 다른 나라와 관계를 맺고, 외국에 있는 자국민을 보호하는 업무를 해. 이를 위해 다른 나라의 수도에 파견 기관, 즉 '대사관'을 설치하고 관리하지. 대사관 직원은 네가 다른 나라를 이해하고, 다른 나라와 무역을 하고, 동맹을+ 맺는 데 도움을 줄 거야. 외국에서 곤란을 겪게 된 시민들은 (예컨대 강도를 당하거나 질병에 걸린 경우) 바로 대사관에 가서 도움을 요청할 수 있어. 그리고 스파이++ 조직을 만들어 다른 나라를 염탐할 계획이라면, 외교부 장관에게 운영하라고 하면 돼.

+ 동맹은 국가들 사이의 교우 관계라고 생각하면 돼.

++ 스파이 활동을 한다고 인정하는 통치자는 없지만, 사실 거의 모든 나라가 하고 있다고 보면 돼. 스파이는 국가를 안전하게 지키는 데 도움을 줄 수도 있고(어떤 나라나 단체의 공격 계획을 입수할 수도 있지), 이웃 국가 지도자가 크리스마스 때 받고 싶어 하는 선물이 뭔지 알아 와서 네가 사이좋게 지내는 데 도움을 줄 수도 있어. "이렇게 마음에 쏙 드는 선물을 주다니! 우리 동맹을 맺도록 합시다."

내무부

내무부의 진지한 사람들은 경찰, 법정, 교정 업무(교도소 운영)를 담당해. 법을 어긴 사람들을 잡고 가둘 힘이 있다는 뜻이지. 내무부는 국경 관리 업무도 해. 국경은 나라의 영역이 끝나는 경계야. 네가 세운 나라가 섬나라라면 문제는 간단해, 바다가 국경이니까. 하지만 다른 나라와 국경을 맞대고 있다면 표지판 정도는 세우는 게 좋아. (아예 장벽을 쌓아 올리는 걸 선호하는 통치자도 있지만, 그럴 필요가 없길 바랄 뿐이야.) 어느 쪽이든 국경을 넘어서 오거나 나가는 사람들을 감시할 직원들을 둬야 하지. 들어오는 사람들을 제한하고 싶을 때도✦ 이 직원들에게 일을 맡기면 돼.

✦ 자신의 나라를 떠나 다른 나라로 이주하는 일을 '이민'이라고 해. 이민자(특히 위험을 피해 온 이민자)를 반기는 사람들도 있지만, 이민자를 너무 많이 받아들이면 부작용이 있을 것이라고 걱정하는 사람들도 있어.

국방부

모르긴 몰라도 국방부는 내무부보다 더 진지한 사람들이 모인 곳일 거야. 국방 및 군사 업무를 담당하는 직원들과 각 군 참모총장이 소속돼 있지. 대부분의 나라는 공군, 육군, 해군을 비롯해 해병대나 특수 부대 등을 갖추고 있어. 군대는 고가의 장비를 (제트 전투기가 얼마나 비싼지 알아?) 잔뜩 보유한 대단히 복잡한 기관이라, 운영하는 데 필요한 행정 업무도 무수히 많아. 무엇보다 네가 평화를 추구하는 사람이라면, 과연 대규모 전쟁 수행 능력을 갖출 필요가 있는지 의아할 거야. 그래, 아마 넌 다른 나라를 공격할 계획이 없을 테지. 하지만 문제는 다른 나라가 너의 나라를 공격할지도 모른다는 거야. 그래서 이 부서를 국방, 즉 적의 침략을 막고 나라를 지킨다는 뜻을 담아 국방부라고 불러.✦

✦ 주변 국가를 불안에 떨게 만들고 싶다면 '전쟁부'라고 이름 붙이는 방법도 있지.

교육부

교육부가 어떤 일을 하는지 짐작이 갈 거야. 학교와 대학교 등을 관리하는 것은 더없이 중대한 일이야. 물론 넌 더 이상 학교에 있지 않지, 국가 지도자로서 타의 추종을 불허하는 경력을 쌓느라 바쁘니까. 하지만 여전히 교실에 남아 있는 친구들을 생각해 봐. 그 친구들은 누구나 좋은 학교, 뛰어난 교사의 가르침, 그리고 배움을 통해 성공할 기회를 누릴 권리가 있어. 모두를 위한 교육 제도를 마련하려고 끊임없이 노력하는 똑똑하고 헌신적인 사람들 없이는 보장되기 어려운 것들이야. 교육부 직원은 교원들이 자격과 역량을 갖추도록 관리하고, (키이스 같은 인물은 원하지 않으니까!) 아이들과 학생들이 무엇을 배워야 할지 판단하고, 각 학교와 대학교에서 충분한 예산을 가지고 학생들을 안전하고 편안한 건물에서 올바로 교육할 수 있도록 감독하지. 그러고 보니 교육부만큼 중요한 부서도 없는 것 같아. 가장 유능한 인재들을 여기에 배치하는 것도 괜찮겠어.

환경부

이 책 후반부에서는 기후 변화에 대해서도 다룰 예정이야. 기후 변화는 네가 앞으로 다른 나라의 지도자들과 함께 대처해 나아가야 하는 전 지구적 문제야. 정말 심각하기 때문에 이 문제를 해결하기 위해서는 모든 나라의 변화가 필요한 상황이지. 어떤 변화가 요구되는지는 뒤에서 이야기해 보자. 어쨌든 지금 하고 싶은 말은, 진심으로 기후 변화 문제에 대응하고 싶다면 제일 똑똑하고 능력이 뛰어난 사람들을 뽑아 전담 팀을 꾸리라는 거야. 하지만 그게 전부는 아니야. 각종 오염을 줄이고, 숲을 살리고, 강을 정화하고, 쓰레기를 치우고, 플라스틱 사용도 줄여서 나라를 깨끗하게 만들어야 해. 이 모든 일 역시 환경부가 이끌어야 하지. 다시 말하지만 환경부의 책임은 막중해.

물론 다른 부서도 있어야 할 거야. 병원을 관리하는 보건부나 철도를 운영하는 교통부, 농부를 돕는 (그리고 충분한 식량이 생산되도록 이끄는) 농무부는 어때?

어떤 부서를 설치하는지는 네가 무엇을 중요하다고 여기는가에 달렸어. 원하는 만큼 많은 부서를 설치해도 돼. 그러니 주저하지 말고 전에 없던 새로운 부서도 만들어 봐.

도로와 철도 대신 전 국토에 롤러코스터를 까는 건 어떨까? 그러려면 롤러코스터를 설치하는 게 좋을 거야. (그런데 진짜 만들 계획이라면 내 아이디어였다는 걸 꼭 널리 알려 주길 바라.)

어떤 부서를 만들지 정하고 나면, 이번에는 각 부서의 책임자로 누구를 뽑을지 생각해야 해.

1861년부터 1865년까지 미국의 대통령이었던 에이브러햄 링컨의 이야기가 참고가 될 것 같아. 링컨은 (우리가 알기로) 롤러코스터에는 전혀 관심이 없었지만 위대한 지도자였어.

링컨이 대통령에 당선됐을 때 많은 사람이 놀랐어. 다른 후보들이 워낙 쟁쟁했거든.

이들은 경험도 훨씬 적은 데다 스토브파이프 모자를 쓴 이상한 외양의 링컨에게 졌다는 사실이 탐탁지 않았어.✦

✦ 링컨은 검은색의 기다란 스토브파이프 모자를 즐겨 쓰고 다녔어. 그런데 조금은 우스꽝스러워 보였다고 해, 링컨은 모자가 없어도 키가 몹시 컸거든. 하지만 이 모자 덕분에 누구나 링컨을 바로 알아볼 수 있었을 거야.

링컨은 내각을 짜야 했어. 링컨은 조금 전까지 대통령직을 두고 자신과 경쟁했던 이들이 내각을 구성할 최고의 인재들이라는 걸 알았어. (여성은 투표권도 없던 시절이라 이 사람들은 모두 남성이었지.)

링컨은 이들을 무시하고 이들보다 능력은 떨어져도 자기 생각을 군말 없이 따라 줄 다른 사람을 선택할 수도 있었을 거야.

그러나 링컨은 그 유혹을 뿌리치고 자신과 가장 격렬히 다퉜던 경쟁자들에게 최고의 자리를 제안했어. 왜? 다양한 의견을 가지고 있으면서 자신에게 반박하는 것을 두려워하지 않는 똑똑한 사람들을 곁에 두고 그들의 도움을 얻고 싶었기 때문이야.

링컨은 자신이 항상 옳지 않다는 걸 알았어. 그래서 자신과 논쟁을 하고 그 속에서 문제점을 발견할 수 있는 인재를 원했지.

링컨은 늘 자신에게 동의하는 사람이 아니라 자신에게 도전할 준비가 돼 있는 사람이야말로 더 나은 결정을 내릴 수 있는 사람이라고 생각했어.

얼마 지나지 않아 링컨은 이 최고의 팀원들로부터 존경과 충성을 이끌어 냈어. 링컨은 이들이 하는 말을 주의 깊게 듣고, 정책이 성공했을 때는 이들에게 공을 돌리는 한편, 실패했을 때는 책임을 나누었지. **우리 모두 링컨을 본받아야 하지 않을까!**

아마 링컨은 우리가 아는 가장 똑똑한 사람들을 곁에 두고 그들의 말에 귀 기울이라고 할 거야. 아무리 그 사람들이 너보다 똑똑하고 뛰어나서 언짢은 기분이 들어도 그러라고 할 걸?

이렇게 구성된 내각은 늘 뜻이 일치하진 않을 거야. 물론 최종 결정을 내리는 사람은 결국 너야. 때로는 외롭겠지. 하지만 다른 이들의 의견을 먼저 살핀 뒤 결정을 내린다면 더 강하고 더 좋은 결정을 내릴 수 있어.

게다가 너와 논쟁할 준비가 돼 있을 뿐 아니라 너와 다른 사람들로 팀을 구성한다면 그것보다도 더 좋은 결정을 내릴 수 있어.

너와 다른 삶의 경험을 지닌 사람들이 곁에 있으면 네가 놓친 부분을 깨닫고 이해하는 데 도움이 되거든. 다양한 국민을 대표하는 사람들로 정부가 구성되면 모든 사람을 위한 더 나은 정책을 펼칠 수 있어. 그러니 더 많은 시민의 다양한 배경을 반영할 수 있는 인재들로 팀을 채우면 좋겠다는 말이지.

너 혼자 사람들이 세상을 보는 온갖 관점을 전부 헤아릴 수는 없어. 알맞은 팀을 꾸릴 수만 있으면 혼자 애쓰지 않아도 돼.

너와 생각이 다른 사람들과 함께 일하는 게 왜 도움이 되는지 알려 주는 좋은 이야기가 있어.
(물론, 나는 좋은 이야기라고 생각하지만 네 생각은 다를 수도 있어.)

때는 제2차 세계 대전, 당시 미국 공군은 적군 전투기의 격추로 폭격기를 계속 잃고 있었어. 해결책은? 폭격기에 장갑(적의 공격을 방어하기 위해 전차나 전투기에 덧싸는 특수한 판을 뜻해_옮긴이)을 추가하기로 했지. 단, 장갑을 너무 많이 추가하면 비행기가 무거워져서 날 수 없을 거야. 그렇다면 어디에 추가해야 할까?

답은 간단했어. 임무를 마치고 돌아온 폭격기를 보고 어디에 총탄 구멍이 가장 많은지 알아낸 뒤, 그 부위에 장갑을 추가하는 거야. 맞잖아?

공군 장교들은 모두 이 의견에 동의했어. 하지만 다른 사람들, 즉 자신들과 다른 지식 및 경험을 지닌 사람들에게 이 문제를 한 번 더 검토받자는 데도 동의했지. 그래서 수학자들에게 의견을 요청했어.

그중에는 아브라함 왈드가 있었어. 그는 곳곳이 벌집이 된 폭격기를 한 번 보더니 이렇게 말했어.
"완전히 잘못 짚으셨네요!"✦

✦ 정말로 어떻게 말했는지는 확실하지 않아. 혹시 이렇게 말하지는 않았을까?
"헉, 진심이세요?"

왈드에 따르면 조사 대상이 된 폭격기들은 손상을 입었지만 기지로 무사히 귀환한 폭격기들이었어. 즉, 이 폭격기들이 총탄을 맞은 부위는 손상돼도 나는 데 지장을 초래하지 않았다는 거야.

다른 부위에 총탄 구멍이 난 폭격기들이 없는 건, 그 부위를 공격받은 폭격기들은 모두 귀환하지 못했기 때문이지. 따라서 왈드는 총탄 구멍이 있는 곳이 아니라 총탄 구멍이 없는 곳에 장갑을 부착해야 한다고 주장했어. 왈드의 말이 정답이야, 그렇지 않아?

다른 사고방식을 가진 사람을 의사 결정 과정에 포함한 결과, 미국 공군은 더 나은 결정에 이를 수 있었어.

그런데 다양한 배경과 경험, 생각을 가진 사람들을 모아 팀을 만드는 것만으로는 충분하지 않을 수 있어. 훌륭한 지도자라면 팀의 모든 구성원에게 자기 생각을 말할 기회를 보장해야 해. 세상에는 목소리 높이는 것을 좋아하는 사람들이 있다는 걸 알 거야. (정치의 세계에 뛰어들기 전, 학교생활을 하던 시절에도 느껴 봤을 지도!)

하지만 조용한 사람들, 그러니까 손을 잘 들지 않는 사람이 떠들썩한 동료만큼 좋은 아이디어를 지니고 있는 경우도 아주 흔해.

그러니 상대가 너의 내각이든 반 친구든 간에, 팀이나 회의를 이끌 때는 모든 사람에게 발언의 기회가 골고루 돌아가도록 세심히 살피도록 하자. 격려가 필요한 사람에게는 격려를 해서라도 그렇게 하는 게 좋아.

다른 나라와 협력하기

세상은 아주 넓지만, 점점 더 작아지고 있는 것처럼 느껴져. 한때 배를 타고 선원들의 반란, 괴혈병(비타민 C가 부족할 때 생기는 병으로, 예전에 긴 항해를 하던 선원들은 신선한 채소나 과일을 섭취할 수 없어 이 병의 위협을 받곤 했어_옮긴이), 널빤지 위 걷기, 상어의 위협 속에서 몇 주, 심지어 몇 달 동안 해야 했던 여행은 이제 비행기로 몇 시간이면 돼. (총에 맞아 벌집이 된 비행기는 빼 줘.)

요즘에는 사실 비행기도 (괴혈병에 걸리고 반항의 기운을 풍기는 선원들과 함께 항해하는 것보다 엄청나게 편한 것도 아니야) 안 타도 돼. 우리는 몇 초면 지구 반대편 화면에 나타날 수 있어.

세계는 서로 연결돼 있고 어떤 나라도 다른 나라와 관계를 완전히 끊은 채 살아갈 수 없어. 세상과 단절된 상태를 유지하려 애쓰는 탓에 '은둔의 왕국'이라고도 불리는 북한조차도 생존을 위해 중국과의 무역에 의존하고 있지.

지금부터는 다른 나라와 함께 살아가는 방법, 즉 무역을 하고, 군사 동맹을 맺고, 서로 협력하는 방법을 살펴보려고 해.

무역 혹은 약탈

축구 스티커나 포켓몬 카드를 모아 본 사람은
누구나 무역의 기본을 알고 있다고 할 수 있어.
나는 친구의 카드를 갖고 싶고 친구는
내 카드를 갖고 싶을 때
거래가 일어나지.

국가 간의 거래나 세계 곳곳의 상인 간의 거래, 즉 무역도 그것과 다르지 않아. 무역은 아주 오래전부터, 포켓몬 카드가 세상에 등장하기 훨씬 전부터 있었어.

중국은 2,000년 전에도 '실크 로드'를 따라 로마와 사치품 무역을 했어.

수 세기 전 유럽의 탐험가들은 새로운 땅을 찾아서 온 세계를 샅샅이 누볐어. 어쨌든 자신들 입장에서는 새로운 땅이지.✦ 유럽인들은 전에 보지 못한 별난 것들을 들여오더니(토마토 등), 먼바다를 건너 무역을 하기 시작했어.

대부분의 사람이 무역을 긍정적으로 생각해. 그렇게 생각하는 근거 중 하나는 무역이 궁극적으로 평화를 이루는 데 도움이 된다는 거야.

이번에도 포켓몬 카드를 가지고 이야기해 볼게.

갖고 싶은 포켓몬 카드를 손에 넣는 데는 평화롭진 않지만 거래 외의 방법도 있어. 아무도 안 볼 때 그냥 훔치는 거지. (네가 아주 무섭고 포악한 사람이라면 카드 주인을 공격해서 힘으로 뺏는 방법도 있어.)

역사를 돌아보면 그런 일이 국가 대 국가에서도 숱하게 있었다는 걸 알 수 있어.

장기적으로 보면 평화롭게 거래를 하는 것이 더 나은 전략이야.
무력으로 포켓몬 카드를 뺏을 수 있는 건 기껏해야 한 번,
두 번뿐이지. 곧 다들 자기 카드를 보여 주지도 않을걸?

✦ 유럽인이 '새로운' 땅을 찾아 어디를 가든 그곳엔 이미 살고 있는 사람이 있었어. 원주민 입장에서는 전혀 새로 발견된 곳이 아닌 거지. 그러나 성능 좋은 무기를 갖고 있던 유럽인은 원주민의 존재를 인정하지 않거나 공격하고, 땅에 대한 소유권을 주장했어.

그러나 공정하게 거래한다면 친구들은 너를 신뢰하게 될 거고, 장기적으로 계속해서 카드 교환을 할 수 있어.

포켓몬 카드를 교역하는 나라는 없어. (아마 없겠지.) 하지만 원리는 똑같아. 나는 비단이 필요한데, 너한테 있어. 그리고 너는 향신료가 필요한데, 나한테 있어. 좋아, 바꾸자! 너는 기름이 필요한데, 나한테 있어. 나는 면직물이 필요한데, 너한테 있어. 바꿀까?

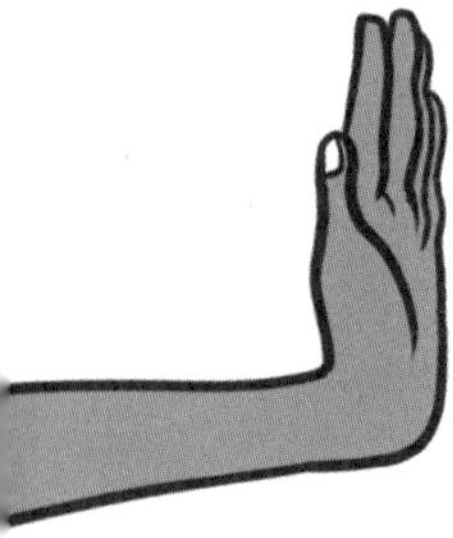

무역의 어두운 면

무역은 분명 국가 간의 평화를 도모하는 데 도움이 돼. 그런데 다른 나라에 속한 것을 손에 넣으려는 여러 나라의 야욕으로 어두운 결과가 빚어졌던 시기가 있어.

15세기부터 유럽인들은 정복하거나 식민지화할 땅을 찾아다녔어.✦
그렇게 찾은 땅에서 제국을 건설하고 그곳의 부를 마음대로 빼앗았어.

영국은 가장 강력한 제국을 만들었어. 100년 전만 해도 대영 제국은 인도와 아프리카의 상당 부분을 포함해 전 세계의 4분의 1을 지배했지.

대영 제국은 제2차 세계 대전 이후 빠르게 해체되기 시작했어. 계속되는 전쟁으로 국력이 약화된 상태에서 인도를 비롯해 많은 식민지가 잇따라 독립했어.

어떤 사람들은 대영 제국에서 철도를 놓거나 학교를 지어 주었으니 식민지 국가가 현대화되는 데 도움을 준 것이라고 말하기도 해. 하지만 오늘날 대부분의 사람은 한 국가가 수많은 국가를 지배하며 자원을 빼앗고 그곳에 사는 사람을 열등한 사람로 취급하는 것은 잘못된 일이라는 데 동의하고 있어.

제국을 건설한 유럽 국가들이 행했던 무역 중 무엇보다도 끔찍한 것은 노예 무역이야.

영국, 포르투갈, 스페인, 프랑스, 네덜란드, 덴마크는 아프리카 사람들을 강제로 아메리카 대륙으로 보냈고, 대가를 주기는커녕 쉬지도 못하게 하고 일을 시켰어. 많은 유럽인이 노예 무역을

✦ 남의 나라에 쳐들어가 영토 전체를 차지하고 지배하는 것은 '정복'이라고 하고, 자기 나라 사람들을 보내 자리를 잡고 살게 하면서 정치적으로 지배하는 것은 '식민지화'라고 해.

통해 부를 축적했고, 노예제는 19세기까지 계속됐어. 미국은 1865년에 노예제를 폐지했는데, 우리가 앞서 만난 에이브러햄 링컨의 노력이 컸어.

지역 협력 기구

국제 기구에 가입하는 것도 고려해 보는 게 좋을 거야.

세계에는 **상하이 협력 기구, 아랍 연맹, 아프리카 연합, 북유럽 협의회, 발트해 연안국 협의회** 등 다양한 지역 협력 기구가 있어.

대다수가 이웃한 나라의 지도자들이 만나 공통으로 겪고 있는 문제를 의논하고 리무진을 타고 서로의 수도를 즐겁게 누비기 위해 창설된 것들이야.

단순한 지역 협력 기구 이상인 곳도 있는데, 바로 **유럽 연합**이야. 유럽 연합은 국가들 간의 무역이 평화를 불러올 수 있다는 걸 증명하기도 했어.

제2차 세계 대전을 겪은 후, 그러니까 이웃 나라 간의 전쟁을 겪은 후 유럽의 지도자들은 세 번째 전쟁을 막자고 결심했고, 한 가지 좋은 생각을 떠올렸어.

이에 따라 1952년에 **유럽 석탄 철강 공동체**가 출범했는데, 여기에는 서로 적대국이었던 프랑스와 독일이 포함돼 있었어.

유럽 석탄 철강 공동체는 석탄과 철강을 공동으로 관리하기로 했어. 석탄과 철강을 손에 넣고 싶으면 다른 회원국들과 협력할 수밖에 없는 거지.

아주 그럴듯한 생각이었어. 철강과 석탄 없이는 전쟁을 할 수 없으니까.

탱크와 배를 만들려면 철강이 있어야 하고, 이것들을 만드는 공장을 돌리려면 석탄이 있어야 해.

프랑스와 독일은 힘을 합쳐야만 전쟁을 준비할 수 있게 된 거야. 그런데 서로를 상대로 전쟁을 준비하는 데 힘을 합친다는 건 말이 안 되잖아? 정말 효과적인 방침이었어. 지금까지 이 나라 사이에 또 다른 전쟁은 벌어지지 않았거든.

유럽 석탄 철강 공동체는 점점 더 커지고 모습이 바뀌다 오늘날에는 27개국으로 구성된 유럽 연합에 이르렀어.

유럽 연합 27개국 간에는 무역이 자유롭게 이루어지고,✦ 회원국 시민들은 회원국 어디로든 자유롭게 이동하고 거주할 수 있어. 유럽 연합은 가난한 회원국들이 부유한 회원국들을 따라잡을 수 있도록 돕기도 해.

한때 유럽 연합 회원국은 모두 28개국이었지만, 2019년 말에 영국이 탈퇴를 했어.

✦ 27개의 회원국들은 서로 상품을 사고팔 때 (수입하거나 수출할 때) **관세**(수입되거나 수출되는 상품에 정부가 부과하는 세금), **쿼터**(수입되거나 수출되는 상품의 양에 대해 정부가 정해 둔 한도), 그 밖의 **무역 장벽**(어느 한 나라에서 생산된 상품이 다른 나라 소비자에게 판매되는 것을 어렵게 만드는 각종 조치)이 없다는 뜻이야. 그 결과 유럽 연합 내의 기업들은 유럽 연합 회원국 어디에서든 적은 비용으로 쉽게 기업 활동을 할 수 있고, 이는 기업뿐 아니라 회원국에게도 보다 큰 부를 안겨 주고 있어.

영국에서는 국민 투표 (기억나지?) 결과, 투표자의 과반수가 유럽 연합을 떠난다는 데 표를 던졌어. 사람들이 탈퇴를 지지한 데는 여러 다양한 이유가 있지만, 많은 이가 유럽 연합이 너무 커져서 영국의 자율성을 제한한다고 생각했어.

**그런데 이 모든 이야기가 너나
네가 다스릴 나라와 무슨 상관이냐고?**

자, 이제 너도 결정을 해야 해. **넌 이웃 나라들과 얼마나 가깝게 지내고 싶어? 지역 공동체의 일원이 돼 서로 협력하고 그에 따른 이익을 얻고 싶은 마음이 있어? 그 공동체가 때로는 네가 동의할 수 없는 결정을 한다 해도? 아니면 혼자 힘으로 헤쳐 나가고 싶어?**

서로 어울려 다니는 사람들의 무리를 상상해 봐. 살벌한 범죄 집단 같은 것 말고 (그런 집단의 멤버인 건 아니겠지?) **친구들과 이루는 무리를 떠올려 보자는 거야.** 이런 무리 속에 있으면 더 강해진 것 같을 거야. 하지만 가끔은 다른 걸 하고 싶어도 무리에서 정한 결정을 따라야 할 때가 있어. 그런 상황을 감수할 가치가 있는 걸까?

세계 정부의 꿈

만약 외계인 군대가 대기권 바로 위까지 와서 지구를 손에 넣겠다고 위협한다면, 우리는 아마 오스트리아 사람과 호주(오스트레일리아) 사람의 다른 점, 말리와 몰타 사람의 다른 점을 모두 잊고 (다른 점이랄 게 있다면 말이지만) 어디의 누구나 한 종으로서, 즉 인간이라는 한 종으로서 똑같이 기겁할 거야.

우리가 하나라는 생각은
'세계 정부'라는 구상을 낳았어.

아직 탄생하진 않았지만, 인류는 세계 정부를 향한 작은 걸음걸음을 내디뎌 왔어.

제1차 세계 대전(1914~1918) 이후, 승리한 국가들은 **국제 연맹**이라는 새로운 조직을 설립했어.

가맹국들이 힘을 합쳐 국제 분쟁이 확산되는 것을 막고 또 다른 끔찍한 전쟁을 방지하자는 취지였어.

처음에는 상당한 성과가 있었어. 1921년에 스웨덴과 핀란드가 여러 개의 섬을 둘러싸고 영토 분쟁을 벌이자, 국제 연맹이 개입해 두 나라가 합의에 도달하는 것을 돕기도 했지.

하지만 알다시피 제1차 세계 대전이 제1차인 데는 이유가 있어. 두 번째 큰 전쟁이 벌어졌으니까.

세계는 1930년대에 다시 전쟁에 돌입했고, 국제 연맹은 이 전쟁을 막을 힘이 없었어. 실험은 실패했고, 국제 연맹은 와해되고 말았어.

다음으로 등장한 국제 연합, 즉 유엔(UN)에 대해서는 아마 들어 봤을 거야. 국제 연합은 지금도 활발히 운영되는 국제 기구거든. 유엔은 1945년에 제2차 세계 대전이 끝난 후 창설됐어.

유엔은 미국 뉴욕에 본부를 두고 있으며 전 세계 거의 모든 나라가 가입돼 있어. 국제 연맹과 마찬가지로 유엔의 주요 역할은 회원국들

간의 분쟁 해결을 돕고 국제 평화 증진에 힘쓰는 거야.

1945년 이후로도 많은 전쟁이 있었고, 슬프지만 지금 이 순간에도 전쟁이 벌어지고 있어. 그래서 유엔이 언제나 제 역할을 했다고 보긴 어려워. 하지만 커다란 기여를 하고 있는 것은 사실이야. 세계 곳곳에서 평화를 유지하고, 식량이 필요한 사람들에게 식량을 지원하고, 국가들이 협력할 수 있도록 돕고 있지.

너도 유엔 가입을 신청할지 말지 결정해야 해.

유엔 회원국이 되면 일단 가끔 너의 나라를 떠나 미국으로 여행을 다녀올 좋은 구실이 생겨. (뉴욕에서 시간을 보낼 기회를 마다할 사람이 어디 있겠어?)

군사 동맹

동맹국들은 친구 사이라고 생각하면 돼. 주로 세상을 보는 관점이 비슷하거나 도움을 주고받을 수 있는 나라들 간에 동맹이 체결되곤 해.

사람들 사이의 친구 관계와 그렇게 다르지 않아. (못된 녀석들이 도시락을 노리고 다가올 때, 너와 네 단짝이 힘을 합쳐 맞서면 두 사람 모두 자기 소시지를 지킬 가능성이 커지지.)

나토(북대서양 조약 기구)에 대해 들어 봤을지 모르겠어. 냉전 중이던 1949년에 설립된 거대한 군사 동맹이야.✦

나토 동맹의 핵심 원칙은 나토 설립 조약 제5조에 잘 드러나 있어.

“우리 중 한 나라가 공격을 받으면, 모든 나라가 다 같이 방어에 나선다.”

✦ 냉전(무기를 쓰지 않는 차가운 전쟁)은 1947년부터 1990년 무렵까지 계속된 서구 자본주의 국가(모두 나토 회원국으로, 미국이 주도했어)와 공산주의 국가(바르샤바 조약 기구라는 군사 동맹의 회원국으로, 러시아를 필두로 한 소련이 주도했어)의 대결 양상을 가리켜. 이 두 강력한 군사 동맹은 몇 번이고 위기가 있었지만 실제로 직접적인 전쟁을 하진 않았어. (자기 진영의 다른 나라들을 앞세운 작은 전쟁은 있었어.)

나토의 취지가 마음에 든다면 유튜브의 나토 공식 채널에 들어가 'How does a country join NATO(나토에 가입하는 방법은)?'라는 영상을 시청해 봐.

물론 꼭 나토 동맹에 가입할 필요는 없어. 더군다나 네가 새롭게 국제 동맹을 결성하는 방법도 있어. 세계 지도를 펼친 뒤, 너의 나라가 어디에 있는지 보고, 어떤 나라를 동맹국으로 고르면 좋을지 생각해 봐.

우선 떠올릴 수 있는 건 바로 옆에 있는 나라들일 거야. 언젠가 다른 나라가 괴롭힐 때를 대비해 제일 크고 힘이 센 나라와 친하게 지내고 싶을 지도 몰라.

네가 가보고 싶은 나라도 고려해 봐. 동맹국이 되면 때때로 방문할 일이 생기게 마련이니까. 언제나 햇살이 가득하고 멋진 해변이 있는 곳은 어때? 너의 나라와 같은 언어를 쓰는 나라에 마음이 기울지도 모르겠다.

놀이터에서 벌어지는 일과 별반 다를 게 없는 것 같다고? (안전을 위해 몇몇 친구들과 뭉치는 것?) 맞아, 정말로 다르지 않아. 그리고 놀이터에서의 우정과 마찬가지로, 동맹은 양방향으로 이루어지는 관계야.

자, 넌 아마 도움이 필요할 때 네 곁에 있길 바라는 나라들과 동맹을 맺을 싶을 거야. 그러려면 그 대가로, 동맹국들이 도움을 필요로 할 때 너도 그들 곁에 있을 준비가 돼 있어야 해. 이게 바로 동맹의 기본이야. (물론 우정도 마찬가지야.)

새 국가를 위한 할 일 목록

국기 디자인하기

모든 나라에는 국기가 있어. 국기는 국가를 상징하는 깃발이야. 세상에는 온갖 색상과 무늬의 국기가 있는데, 드래곤이나 용, 별, 사자, 새 문양이 들어가 있는 국기가 많아. 수천 년 전 군대가 전투에 나갈 때 드는 깃발인 군기가 탄생한 뒤 점차 발전해서 국기가 등장하게 됐어.

이건 어떤 국기와도 다른 너만의 국기를 만들 엄청난 기회야. 모든 사람의 눈길을 단번에 사로잡을 멋진 국기를 만들고 싶지 않아? 지금 한번 그려 보는 게 어때? 종이를 하나 준비해서 멋진 국기를 그려 보는 걸 추천해.

모든 국기는 상징과 관련이 있어. 국기의 색상이나 문양이 특별한 의미를 담고 있다는 거야. 그러니 너도 국기가 네 나라의 어떤 점을 보여 주면 좋을지 생각해 봐. (별 뜻 없이 그저 보기에 멋진 문양을 선택하는 것도 물론 괜찮아!)

예를 들어 떠오르는 태양은 희망찬 미래를 가리키는 경우가 많아. 흰색은 대개 평화를 상징해. 한편 똥 모양 이모티콘은 생각만 해도 웃음이 나와. 그렇지만 그 이모티콘이 네 나라의 어떤 점을 드러낼 수 있을까?

나라를 상징하는 동물을 국기에 그려 넣을 수도 있어. 아직 상징 동물을 고르지 않았다면 한번 곰곰이 생각해 보자. (천산갑을 추천해도 될까? 천산갑은 세계 어느 나라의 상징 동물도 아니거든.)✦

✦ 천산갑은 몸이 비늘로 덮여 있는 포유동물로 개미핥기를 닮았어. 주로 아프리카와 아시아 등지에 서식해. 그런데 무분별한 밀렵으로 멸종 위기에 처해 있어. 다행히 2016년, 수많은 나라가 천산갑을 살리기 위해 노력하자고 뜻을 모으고 조약을 체결했어. 나라들이 힘을 합치기로 마음먹으면 어떤 성과를 낼 수 있는지 보여 주는 아주 좋은 예야.

지도자로서의 권한을 바탕으로 나는 새 나라의 국기를 다음과 같이 정한다.

국기의 밑그림을 그린 다음 각 부분이 무엇을 상징하는지
(네가 선택한 색상과 문양이 무엇을 나타내는지) 설명을 달아 주는 것도 좋아.
인터넷으로 다른 나라 국기를 찾아보면 아이디어를 얻는 데 도움이 될 거야.
(나는 부탄의 국기를 가장 좋아해.)

그리고 정부는 다음의 부서들로 구성될 것이다.

재무부, 교육부, 롤러코스터부 등 네가 중요하다고
여기는 일을 하는 데 필요한 부서들을 쭉 쓰면 돼.

나는 다음의 사람들을 각 부서의 장으로 임명한다.

네가 나라를 이끄는 데 곁에 어떤 사람들이 있으면 좋겠어?
바라는 인재의 특성(자질이나 경험)을 써도 되고,
실제로 염두에 두고 있는 사람의 이름을 써도 돼.

나는 다음의 국가들과 동맹을 맺을 생각이다.

네 나라가 세계 지도에서 어디에 있는지 알면 동맹국을 고르기가 한결 쉬울 거야. 그러니 우선 세계 지도를 보고 그것부터 파악하자.

우리나라는 다음의 국제 기구에 가입하려 한다.

유엔 / 유럽 연합 / 나토 / 그 밖의 여러 가지

그 밖의 새로운 국제 기구를 구상해 봐. 왠지 심각하게 느껴지는 이름이랑 하는 일만 생각하면 돼.

우리는 다음의 상품과 서비스 무역을 통해 경제를 성장시킬 것이다.

꼭 기름이나 다이아몬드 같은 물건이 아니어도 돼. 금융 서비스나 책 편집처럼 서비스를 사고팔 수도 있어.

3장

네가 지키고 싶은 가치는?

지금쯤이면 어떤 정부를 만들고 싶은지 답이 나왔을 거라고 생각해. 정치 체제를 결정하고, 함께 일하고 싶은 인물들을 궁리하고, 다른 나라와의 관계에 대해서도 계획을 세웠을 거야. 거기에다 나라 이름, 나라를 상징하는 동물, 그리고 멋진 국기도 있겠지?

부디 여태껏 모든 일이 잘 진행돼서 뜻하지 않게 혁명을 불러일으키거나 분개한 농민들에게 목이 잘리지 않았기를 바라. 그랬으면 지금 이 책을 읽고 있지도 못하겠지만.

앞에서 한 모든 일이 중요했지만, 이제부터 해야 하는 일은 더욱 중요해. 미술 시간을 준비하는 것과 조금 비슷한 것 같아.

넌 이젤을 설치하고, 붓을 닦고, 의자를 당겨 앉았어.

그런데 뭘 그릴 거야?

다시 말해 실제로 뭘 할 작정이야? 어떤 정치적 '과제'를 위해 활동하고 싶어? 네가 관심을 기울이는 건 뭐야?

답은 네가 가진 믿음에 달렸어. 이미 앞의 내용을 읽으며 알게 모르게 너 자신의 믿음에 대해 생각하고 있었을 거야.

신념 체계, 아니 이건 너무 엄청나게 들리는 걸? 세상을 보는 방식이라고 생각하면 돼, 아무튼 신념 체계는 네가 결정을 내리는 데 큰 영향을 끼쳐.

네가 열여덟 살이 넘은 사람은 전부 바보여서 세상만사 무엇에 관해서 쓸모 있는 말이라곤 아무것도 하지 않는다고 생각한다고 해.

넌 "내가 왜 그렇게 생각하는지 묻지 마"라고 하겠지? "그냥 내가 세상을 보는 방식이 그래"라고도 할 거야.

알다시피 대부분의 나라에서는 18세 이상만 선거에 참여해 투표할 수 있어. 네 신념 체계에 따르면 이 상황을 뒤집고 싶을 거야, 18세 미만인 사람들만 투표할 수 있게 하는 거지!

네가 만든 나라의 정치 체제로 민주주의를 선택했다면, 네가 어떤 가치를 지지하는지 시민들이 알 수 있도록 확고한 신념 체계를 보여 줘야 해. (그래야 너를 대표로 뽑고 싶은지 아닌지 결정할 수 있어.)

앞으로 몇 가지 정치사상을 ('이데올로기'라고 하기도 해) 살펴볼 거야. 그 과정에서 네가 세상을 보는 방식과 가까운 것들이 무엇인지 생각해 보길 바라. 하지만 기억해 줘. 이 책은 너에게 어떤 신념을 갖는 게 옳다고 말하고자 하는 책이 아니야. 다만 네가 스스로 자신의 신념을 고민해 보는 기회가 되기를 바라.

무엇이 우리의 신념 체계를 형성하는 걸까?
(그리고 바뀔 수도 있는 걸까?)

사람들은 우리를 결정짓는 것이 **본성**(유전, 우리가 갖고 태어나는 특성)인지 **양육**(우리가 자라나는 환경)인지를 두고 오랫동안 논쟁해 왔는데, 둘 다 일정한 역할을 한다는 것이 가장 그럴듯한 답인 것 같아.

많은 사람이 종교적 믿음에서 비롯된 신념 체계를 가지고 있어. 종교적 믿음은 다른 사람을 어떻게 대해야 하는가부터 전쟁과 평화의 문제에 이르기까지, 종교적 믿음이 없는 사람이라면 정치적 선택으로 받아들이는 많은 질문에 대해 답을 해 줘.

세상을 보는 방식은 네가 경험한 것이나 본 것에 의해 형성되기도 해.

네가 '크럼펫 공작의 군사 학교'라는 기숙 학교를 다니게 됐다고 해 보자. 그런데 거기에서는 이안이라는 이름의 체육 선생님이 아침마다 학생들에게 쫄쫄이 반바지를 입고 추위에 덜덜 떨며 12킬로미터씩 달리기를 하도록 시킨 다음, 아침 식사라고 주는 게 희멀건 죽이야. 넌 이런 학교는 문을 닫아야 한다고 생각할 가능성이 커.

(또는 고통스러운 아침 달리기, 그리고 나아가 이안 선생님의 무척 남다른 교육 철학마저 자신에게 유익하다고 느끼는

사람도 있을 수 있어. 그런 경우에는 세상의 모든 학교가 '크럼펫 공작의 군사 학교'처럼 돼야 한다는 생각을 갖게 될지도 몰라.) 어느 쪽이든, 그런 믿음 또는 의견은 네 경험에서 나온 것이라고 할 수 있지.

사고방식은 가족이나 네가 존경하는 사람의 (예를 들어 선생님이나 네가 좋아하는 작가) 영향도 받아.

당연히 네가 속한 문화와 ('문화'란 특정 집단이나 공동체의 생활 양식을 뜻하는 말이야) 그 문화권 사람들의 가치관으로부터 오는 영향도 무시할 수 없어.

신념 체계는 네가 중요하다고 생각하는 것이 바뀌고, 새로운 경험을 하거나 다른 사람들의 의견을 접함에 따라 계속해서 발전할 수 있고, 발전하게 될 거야.

이 내용은 기억해 두면 좋겠어. 세상에 대해 확고한 생각을 가지는 건 좋아, 자신이 어떤 가치를 믿고 있는지 아는 것도 중요해. 그렇지만 다른 사람의 관점에 마음을 아예 닫는 것은 곤란해. (링컨 이야기 기억하지?)

다른 사람의 말을 아무 생각 없이 믿는 것도 잘못이지만, 다른 사람의 말을 들어보려 하지도 않고 무시하는 것 역시 잘못이야.

이데올로기

진보적 자유주의

진보적 자유주의자는 사람들이 자유롭게 기업을 소유하고 돈을 벌 수 있어야 한다고 생각하면서도, 정부가 공정한 사회를 만들기 위해 시장에 개입하는 것을 옹호해. 기업이 다른 이에게 해를 끼치거나 자연을 파괴하지 않도록 일정한 규칙을 따르며 활동하기를 바라지.

이러한 규칙에는 '최저 임금(기업이 고용한 사람들에게 특정 액수 이상의 임금을 지급하도록 하는 것)'을 정하거나 공해를 일으키는 기업에 벌금을 부과하는 것 등이 있어.

너희 아버지가 집 앞을 지나가는 사람에게 버거를 팔기 위해 널 요리사로 고용했다고 해 보자. 아마 진보적 자유주의자가 본다면 아버지가 너에게 버거 패티 굽는 일을 시키는 대가로 시간당 최저 임금 약 5파운드를 지급해야 한다고 말할 거야. 또 위생 검사원을 파견해 네가 버거를 안전하게 조리하는 법을 아는지 모르는지 조사하고 싶어 할 거야. 너희 아버지가 준비한 패티용 쇠고기가 위생적인 시설에서 인도적인 방식으로 가공된 것인지도 확인하길 원할걸?

진보적 자유주의자는 정부가 국민을 위해 보건 의료 서비스나 일자리를 구하지 못한 사람들을 대상으로 하는 지원금 같은 각종 서비스를 제공해야 한다고 생각하고, 정부가 운영하지 않는 민간 조직들은 대체로 이런 문제를 스스로 해결할 수 없다고 생각해.

이들은 불평등, 특히 빈부 격차에 대해 우려해. 그리고 개인의 사생활은 (예컨대 누구와 결혼하는지) 개인에게 달린 문제이므로 다른 누가 관여할 수 없는 것이라고 생각해.

보수주의

보수주의자는 정부의 지나친 간섭이 개인과 기업의 성공을 방해한다고 생각해.

보수주의자도 최빈곤층을 돕는 것과 같은 몇몇 공동의 문제를 해결하는 데 정부의 개입이 필요하다는 것을 인정해. 또 상품의 안전성을 확보해야 하는 것처럼 기업이 지켜야 할 규칙이 어느 정도 있다는 것도 인정하지.

하지만 보수주의자는 대체로 문제가 생겼을 때 정부가 나서기보다 관련된 기업들이 해결책을 찾도록 놔두는 것이 좋다고 주장해. 왜냐하면 이들이 보기에 기업이 정부보다 능력이 뛰어나고 돈을 낭비할 가능성도 적거든.

보수주의자는 진보적 자유주의자와 비교해 사회의 모든 사람이 평등하지 않다는 점에 대해 별로 신경 쓰지 않아. 이들은 열심히 일하는 사람이 성공하는 것이 당연하다고 생각해.

보수주의자 중에는 '사회 보수주의'를 추구하는 사람들도 있어. 누가 누구와 결혼할 수 있는지, 사람들의 삶에서 종교가 얼마나 중요한지와 같은 문제에 대해 전통적인 입장을 옹호하지.

자본주의란?

여기서 잠깐, 자본주의라는 중요한 개념에 대해 설명하고 넘어갈게. 오늘날 대부분의 사람은 자본주의 국가에 살고 있어. 자본주의는 경제 체제 중 하나야. 즉, 어떤 나라의 경제를✦ 운용하는 방식 중 한 가지야.

자본주의 국가에서는 사람들이 자신의 기업을 소유하고 돈을 버는 것이 허용돼. 사실, 가능한 한 많은 돈을 벌도록 장려되지.

자본주의의 원동력은 경쟁이야. **너와 이웃집 브렌다가 동네에서 각자 세차 서비스를 시작했다고 상상해 보자.**

처음에는 둘 다 기본 세차비를 5파운드로 책정했고, 비슷한 수의 손님을 받았어.

✦ 기억나? 경제란 돈을 어떻게 벌고 쓸지에 관한 거야.

하지만 넌 얼마 뒤, 브렌다네 손님이 더 많다는 걸 알게 됐어. 길 건너에 사는 아저씨와 플로렌스 아주머니도 브렌다네 세차 서비스를 이용하려고 줄을 서 있었지. 곧이어 넌 이유를 알게 됐어. 브렌다는 차 외부만 닦아 주는 게 아니라 차 내부도 진공청소기로 청소해 주고 있었어. 브렌다네 서비스가 네 서비스보다 나았던 거야.

이게 경쟁이야. 네가 지고 있어. 어떻게 할 거야? 그래, 간판을 바꾸는 방법도 있지. 이제 넌 진공청소기 서비스를 포함하고 세차비도 4.5파운드로 내렸어. 길 건너 아저씨와 플로렌스 아주머니는 이제 네 세차장에 줄을 서기 시작했어.

그러나 브렌다도 포기하지 않았어. 이제 브렌다는 좌석도 닦아 주고, 실내 방향제도 공짜로 줘. 그러자 브렌다네 줄이 네 세차장보다 길어졌어. **어떻게 할래?** 당연히 맞서 싸워야지.

이제 너는 세차 서비스에 자동차 바퀴 청소, 헤드라이트 청소, 입가심용 사탕 한 통까지 집어넣었어. 가격도 3파운드로 낮췄지. 그런데 브렌다는…. 브렌다는 정말 인정할 수밖에 없는 상대야. 이제 풀 서비스로도 모자라 엔진 오일까지 교환해 줘. 넌 브렌다가 어디에서 이런 걸 다 배워 왔는지는 몰라도, 네가 졌다는 것만은 분명히 알게 되겠지.✦

자본주의 사회에서는 최고의 기업만 (제일 경영을 잘하거나, 제일 멋진 물건을 만들어 내거나, 최고의 서비스를 제공하거나, 가장 가격이 낮은 곳 등) 장사가 잘되고 수익을 낼 수 있어. 반면 장사가 잘 안 되는 기업은 문을 닫아야 해. 아무도 소비자가 사고 싶어 하지 않는 물건이나 서비스를 생산하는 데 시간과 돈을 낭비하지 않는다는 의미야.

✦ 서로 경쟁하는 두 기업이 언제까지나 가격을 낮추고 서비스 품질을 높일 수는 없어. 결국 둘 다 손해를 보고 문을 닫아야 할 테니까. 그런데 이 수상한 예처럼 서로 전쟁을 벌이는 대신, 저마다 전문화된 서비스를 제공하는 방법도 있어. 브렌다가 엔진 오일 교환 서비스를 뛰어나게 한다면, 너는 자동차 좌석 청소 서비스를 뛰어나게 하는 데 집중하는 거야. 그러면 사람들이 오일을 갈 때는 브렌다네 세차장에 가고, 시트가 더러워졌을 땐 네 세차장으로 오겠지. 이렇게 하면 둘 다 세차장 사업을 계속할 수 있어.

자본주의의 문제는 어떤 사람들은 아주 부자가 되는 한편, 어떤 사람들은 가난에서 벗어나지 못한다는 거야. 예를 들어 한 성공적인 기업가가 천산갑 인형을 생산하는 공장을 지어 대단한 부자가 됐지만, 노동자들에게 주는 임금은 아주 적다고 해.

이걸 불공평하다고 생각하는 사람들도 있어. 어쨌거나 일을 하는 사람들은 노동자들이라는 거야. 반면 기업가는 공장을 짓느라 위험을 감수했어. 그리고 아마 일도 마찬가지로 열심히 했을 거야.

게다가 노동자들이 임금 수준이 마음에 들지 않아 다른 곳으로 직장을 옮기거나 스스로 사업을 시작한다고 하면 막을 수도 없어, 안 그래? 심지어 노동자들이 힘을 모아 자신들의 기업을 설립하고 천산갑 인형을 생산해 경쟁에 나설 수도 있어.

자본주의 국가에는 **싱가포르, 뉴질랜드, 호주, 아일랜드, 미국, 캐나다, 영국, 그리고 한국** 등이 있어. (이 외에도 엄청 많아.)

자본주의의 대안으로 제시된 것으로는 공산주의가 있어. 사실 공산주의 자체가 자본주의가 많은 사람을 아주 가난하게 만들고 훨씬 적은 수의 사람만 아주 부유하게 만든다는 점을 알아차린 이들이 생각해 낸 사상이야.

공산주의 국가에서는 '생산 수단(공장, 농장, 기업 등)'을 모든 사람이 공동으로 소유하고, 일과 일에 대한 대가를 평등하게 나눠 가져. 이해를 돕기 위해 수상쩍은 예를 한 가지 더 들어 볼게. **앞선 이야기에서 바비큐 그릴과 버거용 패티가 가득한 냉장고를 가진 너희 아버지가 너를 고용해 지나가는 사람들에게 버거를 파는 기발한 아이디어를 생각해 냈다고 했어.**

버거는 개당 1파운드고, 너는 아버지한테서 시간당 5파운드를 받아. 그렇게 나쁘지 않은 것 같아. 그런데 네가 한 시간 동안 판매하는 버거는 20개 정도야. 그동안 아버지는 TV로 크리켓 (공을 배트로 쳐서 득점을 내고 승부를 겨루는 영국의 구기 스포츠야_옮긴이) 경기를 시청하고 있어. 아마 웃고 계실걸? 아버지는 15파운드를 벌고 너는 5파운드를 벌어.

"이건 불공평해요, 아빠." 네가 말하겠지? "어쩔 수 있니. 그릴도 내 거고 냉동 패티도 전부 내 거니까." 아버지는 이렇게 말씀하실 거야.

그릴과 버거용 패티는 생산 수단이야.

그래서 너는 공산주의 혁명을 일으키기로 했어. 아버지에게 (그리고 어머니와 여동생에게도) 지금부터 네 사람은 평등하다고 말했지.

즉, 모두 다 노동을 하고, 생산 수단(그릴과 냉동 패티)은 공동으로 소유하기로 했어.

모든 사람이 돌아가며 버거를 조리하고, 모든 사람이 똑같은 돈을 받아. 남는 돈은 가족 전체를 위해 쓸 수 있도록 가정에서 관리하기로 했어. (이 이야기에서 가정은 공산주의 정부에 해당해.)

꽤 공평한 것처럼 들리지? 아버지가 애초에 자신이 산 바비큐 그릴이라고 투덜거리지만, 지금 아버지 생각이 중요하겠어?

그러나 공산주의 체제에도 문제가 있어.

누가 새로운 시도를 하려고 할까? 일의 대가가 모든 사람에게 똑같이 주어지면 새롭고 더 맛있는 버거를 개발하기 위해 노력하는 사람이 있을까?

대답은 당연히 "아니다"일 거야. 어차피 돌아오는 돈은 똑같은데 굳이 왜 귀찮은 일을 하겠어?

그리고 결정은 누가 내릴 거야? 기업들이 시행착오를 (물건을 만든 다음 팔리는지 보는 것) 통해 사람들이 원하는 것을 알아내는 게 아니라면, 뭘 만들지 누군가가 공장에 지시를 해야 해.

공산주의 사회의 사람들은 자신이 정말로 원하는 걸 얻지 못할지도 몰라. 사람들이 원하는 게 뭔지 추측하는 게 직업인 사람들이 있어도 잘못짚을 가능성이 크거든.

앞에서 말했지만, 지난 세기 오랫동안 (미국을 중심으로 한) 자본주의 국가들과 (러시아가 주도했던 소련을 중심으로 한) 공산주의 국가들은 냉전을 이어갔어, 수십 년 동안 말이야.

양측 사람들 모두 어떤 경제 체제가 더 나은지 보려고 기다렸어. 그리고 마침내 결론이 났을 땐, 그렇게 분명한 결론도 없었어. 자본주의가 공산주의보다 더 잘 작동하고 있었어. 모든 공산주의 국가가, 심지어 러시아까지, 결국 자본주의로 경제 체제를 전환했어.

대부분의 세계 지도자가 자본주의 쪽으로 기울어 있어. 너도 같은 결론에 다다를지 몰라. 하지만 불평등을✦ 낳는다는 자본주의의 큰 문제는 여전히 계속되고 있어.

어떤 사람들이 다른 사람들보다 부유한 것, 더 많은 기회를 누리는 것에 대해 어떻게 생각하는가는 네가 지도자로서 해야 하는 가장 어려운 선택들과 맞닿아 있어.

모두 공정성에 관한 질문들이라고 할 수 있는데, 이건 정말 정말 중요한 내용이기 때문에 다음 장에서 특별히 따로 살펴보려고 해.

✦ 간단히 말해 불평등은 평등하지 않은 상태를 의미하지. 하지만 국가 지도자가 된 널 위해 우리가 지금 하는 이야기는 그게 다가 아니야. 여기서 말하는 건 임금, 부, 지위, 교육에 대한 접근권, 기회, 건강 관리처럼 중요한 것에 있어 다양한 사람들 또는 다양한 집단의 사람들 간에 존재하는 격차야.

이제 잠깐 쉬면서 비스킷도 먹고, 팔 벌려 뛰기도 하고, 앞서 하던 이데올로기에 관한 이야기로 돌아가 보자. (다시 생각해 보니 팔 벌려 뛰기를 먼저 한 다음에 비스킷을 먹는 게 나을 것 같아.)

자유 지상주의

자유 지상주의자도 사람들이 법을 지키게 하는 것과 같은 기본적인 일을 위해 정부가 필요하다는 데는 동의해. 하지만 정부가 최대한 적은 법을 만들고, 최대한 아무 일도 하지 말아야 한다고 주장하지.

자유 지상주의자들에게 무엇보다 중요한 것은 개인의 선택과 자유야. 다른 사람에게 피해를 주지 않는 한 모든 사람은 자신이 원하는 일을 거의 다 할 수 있어야 한다고 봐.

자유 지상주의자들은 정부가 나서서 문제를 해결하면 사람들은 스스로 문제를 해결하려는 노력을 하지 않고, 결국 아이가 부모에게 의존하듯 정부에 의존하게 될 것이라고 우려해. (너 말고. 넌 새 나라의 지도자니까 자신을 잘 돌볼 줄 알 거야.)

자유 지상주의자는 정부가 기본적인 것 이상의 기능을 하게 되면 개인의 삶을 통제하고 자유를 제한할 갖가지 방법을 찾게 될 것이라고 주장해. "정부가 하는 게 그런 거잖아."
자유 지상주의자들은 그림 속에 나온 것 같은 진주 목걸이를 한 작은 체구의 여성보다는 헐렁한 하와이안 셔츠를 입은 덩치 큰 남성이 많은 것 같아.

민족주의

민족주의자는 다른 나라의 이익보다 자기 나라의 이익을 우선시해.
"나쁘지 않은 생각인데? 나도 그렇게 해야겠다"라는 생각이 들지도 몰라.

약간의 문제는 민족주의자가 이렇게 행동하려는 까닭이 어느 정도 자기 나라가 다른 나라보다 낫다고, 심지어 자기 나라 국민이 다른 나라 국민보다 우월하다고 생각하기 때문이라는 거야.

네가 만나는 모든 사람에게 네가 더 낫다고 말하고 다니거나 항상 네가 원하는 걸 다른 사람들이 원하는 것보다 우선시하면 어떤 일이 일어날지 상상해 봐. 처음에야 네가 원하는 것을 얻을 수 있겠지. 결국 사람들은 화가 날 거야. 싸움이 벌어질지도 몰라. (특히 너랑 똑같이 행동하는 사람을 만나면 그렇게 되기 십상이야.)

민족주의적 사고방식은 안타깝게도 소수 집단을✦ '이등 시민'으로 규정하거나, 결과적으로 불평등하게 대우하는 것으로 이어질 수 있어.

(참고로, 애국심과 민족주의를 헷갈리지 않길 바라. 애국심은 자신의 나라, 국민, 역사에 자부심을 가지고, 나아가 애정을 느끼는 것을 뜻해. 민족주의자가 아니어도 이런 마음을 느낄 수 있지.)

페 미 니 즘

대다수 문화권에서 남성은 오랜 역사에 걸쳐 여성에 비해 큰 권력을 가졌고, 규칙을 만들며, 더 많은 자유를 누려왔어.

페미니스트들은 (누구나 페미니스트가 될 수 있어. 여성과 여자아이만

✦ 소수 집단은 인종, 종교, 또는 태어난 나라 등을 이유로 사회의 주류 집단과 구분되는 작은 집단을 의미해.

될 수 있는 게 아니야) 남성과 여성이 정치적, 사회적, 경제적으로 평등해야 한다고 믿어. 이 대목을 보면 "당연히 그래야지!" 하는 생각이 들 거야.

하지만 놀랍게도 2019년에도 지구상의 모든 나라에서 남녀 격차가✦ 여전하다는 조사 결과가 나왔어.

가장 평등한 나라(아이슬란드, 노르웨이, 핀란드)에서는 격차가 꽤 적어. 가장 불평등한 나라(예멘, 이라크, 파키스탄)에서는 엄청나.

페미니스트가 목표로 하는 '여성이 공정한 대우를 받는 세상'이 펼쳐지기까지는 갈 길이 멀어. (조사에 따르면 세계는 성평등을 향해 나아가고 있지만, 지금의 속도로는 100년이 지나도 도달하기 어렵다고 해.)

네가 세운 나라가 성평등 면에서 파키스탄과 함께 최하위 순위를 다투기보다 아이슬란드와 함께 정상의 자리에 오르길 바란다면, 정부가 진보적 자유주의, 보수주의, 자유 지상주의, 심지어 민족주의 중 어떤 이데올로기를 지향하든지 간에 우선 페미니스트 정부가 돼야 해.

✦ 세계 경제 포럼(WEF)에서 보건, 교육, 경제, 정치 부문에서 나타나는 남성과 여성 간의 격차를 조사한 결과야.

'좌파'와 '우파'는 무슨 뜻일까?

너도 어떤 사람들을 **좌파**라고 하거나 **우파**라고 하는 걸 들어 봤을 거야.✦ 이 구분은 모호하긴 하지만 사람들의 정치적 신념을 이야기할 때 유용한 표현이야.

왼쪽에서 오른쪽으로 그어진 선을 상상해 봐. 왼쪽에 있는 사람들은 더 평등한 사회를 만들기 위해 정부가 적극적으로 나서야 한다고 생각해. 오른쪽에 있는 사람들은 정부가 하는 일이 적고, 개인이 더 큰 힘을 가져야 한다고 생각해.

✦ 좌파와 우파는 200여 년 전 프랑스 혁명 때 처음 사용된 용어야. 당시 새 정부의 의원들은 국왕에게 얼마나 큰 권한을 줄지 결정하기 위해 모였어. 의장이 회의장 가운데 앉아 있었는데, 국왕이 권한을 계속해서 가져야 한다고 생각하는 사람들은 (많은 변화를 원하지 않는 사람들은) 의장의 오른쪽에 모여 앉았어. 그리고 국왕이 훨씬 적은 권한을 가져야 한다고 생각하는 사람들은 (보다 급진적인 변화를 원하는 사람들은) 왼쪽에 모여 앉았지. 손을 들어서 표결하는 방법도 있는데 왜 이렇게 앉았는지는 나도 모르니까 묻지 마.

진보적 자유주의자들은 왼쪽에 있어. 그리고 보수주의자와 자유지상주의자들은 오른쪽에 있어. 공산주의자들은 아주 왼쪽에 있고, 민족주의자들은 아주 오른쪽에 있어. **하지만 기억해, 이건 선이야. 아마 너를 포함해 많은 사람이 가운데 모이게 될 거야.**

자신을 '좌파' 또는 '우파'라고 말하는 사람들이 저마다 어떤 정부 정책을 지지하는지를 살펴보면 이 개념을 이해하는 데 도움이 될 것 같아.

좌파는 공공 서비스 (병원, 학교 등) 향상을 위해 부유한 사람들이 더 많은 세금을 내야 한다고 봐. 우파는 기업이 공공 서비스(철도 등)를 소유하고 운영해야 한다고 보는데, 기업이 정부보다 일을 더 잘한다고 생각하기 때문이야.

또 좌파는 보통 정부가 도움이 필요한 사람들을 (일자리를 잃은 사람, 장애가 있는 사람 등) 돌보는 데 더 많은 돈을 써야 한다고 생각해.

반면 우파는 그러한 지원이 사람들을 정부에 의존하도록 만들기 때문에 장기적으로 도움이 되지 않을 것이라고 주장할 거야.

많은 이슈에 대한 입장이 이처럼 좌우로 나뉠 수 있어. 우파는 범죄자를 엄격하게 처벌하라고 요구하곤 해. 좌파는 정부가 군비를 덜 쓰길 바랄 가능성이 크지.

일반적으로 좌파는 우파에 비해 이민자들(일을 하며 정착해 살아가기 위해 다른 나라에서 온 사람들)에 관대해, 하지만 이 이슈는 주석으로 좀 더 구체적으로 짚고 넘어가야 할 것 같아.✦ 좌파나 우파라는 수식어를 모든 사람에게, 그리고 모든 이슈에 붙이기는 어려워, 너무 광범위하거든. 그렇지만 대부분의 정당이 스스로를 좌파 또는 우파의 입장을 대변하고 있다고 여겨.

예를 들어 미국에서 민주당은 좌파, 공화당은 우파라고 할 수 있어. 영국에서 노동당은 좌파이고, 보수당은 우파야. 실제로 많은 민주주의 국가에서 선거 기간이 되면 자기 당을 좌파 또는 우파라고 내세우는 정당들을 볼 수 있어.

✦ 일부 좌파는 다양성이 커지는 것을 긍정적으로 생각하기 때문에 이민을 환영해. 일부 우파는 다른 문화권에서 온 사람들이 사회를 자신들이 원치 않는 방식으로 변화시킬까 봐 걱정해. 한편 대다수 이슈에 대해 우파 입장을 갖고 있는 기업가 중에는 이민을 환영하는 사람도 있어, 이민자가 경제에 좋은 영향을 준다고 보기 때문이야. 또 대다수 이슈에 있어 자신을 좌파로 여기지만 이민자가 저임금 노동자에게 해가 될 것이라고 우려하는 사람도 있어. 저임금 노동자가 일자리와 주택을 놓고 이민자와 경쟁하게 될 것이라는 이유야.

항상 모든 사람을 만족시킬 순 없어.

정치 분야에는 "정치란 선택의 문제"라는 오래된 말이 있어. 지도자로서 넌 각종 결정을 해야 할 텐데, 많은 결정이 '트레이드 오프(trade off)'를 해야 하는 상황에 놓여 있을 거야. 트레이드 오프란 어떤 선택과 다른 선택을 견줘 본 뒤 가장 덜 나쁜 선택을 하는 것을 의미해.

2020년, 코로나바이러스 팬데믹이 시작되면서 전 세계 모든 정부가 까다로운 결정을 해야 했어. 학교를 열 것인지부터 사람들을 집

안에만 머물도록 강제할 것인지까지 온갖 사안에 대해 중요한 결정을 계속해서 내려야 했지.

정부는 사람들을 집에서 못 나가게 하면 바이러스가 퍼지는 걸 막는 데 도움이 된다는 사실을 알았어. 하지만 전부 집에 있으라고 하면 많은 가게와 기업이 문을 닫아야 하고, 결국 사람들은 직장을 잃게 될 거야.

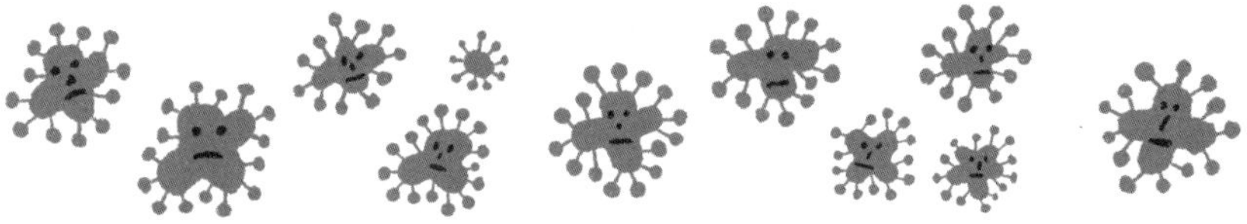

트레이드 오프 관계를 보여 주는 **또 다른 예**를 들어 볼게. 테러리스트 때문에 문제를 겪는 나라들이 있어. (테러리스트는 자신들의 정치적 뜻을 이루기 위해 계획적으로 다른 사람들을 다치게 하거나 심지어 목숨을 앗아가는 사람들을 말해.)

모든 사람의 이메일을 읽고 통화 내용을 듣는다면 정부는 누군가 다치기 전에 테러리스트를 잡을 수 있을 거야.

그러나 대부분의 사람은 그런 식으로 정부의 감시를 받는 걸 원치 않아. 아무런 잘못도 하지 않았는데 정부가 염탐하는 것은 옳지 않다는 생각이지. 여기에서 트레이드 오프 관계에 있는 것은 안전과 프라이버시(사생활을 침해받지 않을 권리를 일컬어_옮긴이)야.

정부의 결정을 보면 트레이드 오프 관계에 있는 사안이 수없이 많다는 걸 알 수 있어. 예컨대 더 나은 학교 교육을 제공하고 싶으면 그 예산을 마련하기 위해 세금을 올려야 해. 그런데 세금을 올리면, 뒤에서 살펴보겠지만, 어떤 사람들은 못마땅해할 거야.

(사실 때때로 국민들이 널 못마땅해하고 불만을 터뜨리는 일에 익숙해져야 할 거야. 차라리 일의 일부라고 생각하는 편이 나을지도.)

만일 국경을 따라 거대한 흰색 유니콘 동상을 쭉 세우고 싶다면, 거기에 예산을 쏟아야 하니까 새로운 병원은 짓지 못할 지도 몰라.
(그렇지만 다른 것도 아니고 유니콘이야. 사람들이 얼마나 좋아하겠어?)

유니콘 동상이 네 위로 쓰러지는 바람에 네가 납작해져도 갈 병원이 없을 가능성이 있긴 하지만 말이야.

어떤 정부도 모든 결정을 잘할 수는 없어. 때로는 최선의 결정이 무엇이었는지 분명해지기까지 몇 년이 걸리기도 해. 이런 판단을 내리는 건 상당히 어려운 일이야.

그런데 너도 생각보다 연습이 많이 돼 있을걸? 모르긴 몰라도 수년간 트레이드 오프 상황에서 결정을 내려야 하는 일이 한두 번이 아니었을 테니까.

온몸을 가렵게 만드는 가루를 동생 바지에 넣으면 정말 재미있을 거야, 하지만 그렇게 하면 동생이 소리를 꽥꽥 지를 거고 결국 넌 엄청나게 야단을 맞게 되겠지. 그만한 가치가 있는 일일까? (당연하지.)

국가 지도자로서의 새로운 삶을 살아가려면 끊임없이 트레이드 오프 관계를 고려하며 국가 전체에 큰 영향을 줄 수 있는 결정을 해야 해. 네가 믿는 것, 네가 중요하다고 생각하는 것이 뭔지 알아냈다면 트레이드 오프 관계에 있는 선택지 중 하나를 고르기가 보다 쉬울 거야.

이 장에서는 여러 정치적 관점, 즉 이데올로기를 소개하고 사람들이 각각의 관점을 취하게 되는 까닭도 살펴봤어. 그런데 정치적 관점은 여기에서 다룬 것들 외에도 무척 많아.

넌 무엇보다도 기후 변화에 신속하게 대처할 수 있는 방향으로 사회가 재편돼야 한다고 믿는 환경 보호론자일 수도 있어.
또 군주주의자(왕 또는 여왕이 정치를 도맡아 하기를 바라는 것)일 수도 있겠지.

몇 가지를 합친 신념을 가질 수도 있어. 보수주의 페미니스트일 수도 있고, 진보적 녹색 자유주의자, 또는 민족적 군주주의자일 수도 있어.

넌 분명 독창적인 관점으로 세상을 보고 있을 거야, 유일무이하게 혼합된 너만의 관점이라고 할 수 있어.

아마 지금껏 다룬 이데올로기 중 네 사고방식에 가장 가까운 이데올로기가 무엇인지 고르는 것은 가능할 거야. 그렇지만 하나의 이데올로기가 네 생각 전체를 아우를 순 없을 거야.

그리고 유연한 사고에 대해 할 말이 있어. 네가 세상을 보는 방식이 틀릴 수도 있다는 새로운 증거가 나타나면 생각을 바꿔도 괜찮아.

나쁜 지도자들은 우유부단하게 보이고 싶지 않다는 이유로 생각을 바꾸는 걸 싫어해. 좋은 지도자들은 자신이 무조건 옳은 선택만 하진 않을 거라는 것을, 그리고 잘못했을 땐 정직하게 인정하는 게 낫다는 것을 알아.

그건 그렇고, 얼마든지 너만의 이데올로기를 만들어도 돼.
급진 자유 천산갑주의(천산갑을 지도자 자리에 앉힌 뒤 모른 체하자는 사상)는 어때? 그래, 인정해. 너무 우스꽝스러운 아이디어야.
너라면 훨씬 멋진 이데올로기를 생각해 낼 수 있을 거야.
지금 당장 시도해 볼래?

일단 너의 정치적 신념과 너의 정부가 지지하는 가치를 담아 짤막하게 매니페스토를 써 보자.✦ 인상적이면서도 이해하기 쉬운 말로 쓰는 걸 추천할게. (사람들이 듣고 감동을 느껴야지 무슨 내용인지 갈피를 못 잡으면 안 되니까.)

지도자로서 갖게 된 새로운 관점뿐 아니라 별 볼 일 없는 시민이었던 예전에 갖고 있던 관점도 떠올려 보는 게 도움이 될 것 같아. (앗, 내가 방금 별 볼 일 없다고 했나? 미안, 평범하다는 뜻이었어.)

이 책에는 네 마음을 바꿀 수 있는 (그리고 네 마음을 사로잡을 수도 있는) 이야기들이 앞으로도 계속 나와. 그래서 책을 읽는 동안 꾸준히

✦ 매니페스토는 지도자나 정당이 주로 선거 전에 자신의 신념과 목표를 담아 내놓는 일종의 선언문이야.

매니페스토를 손보면 좋을 것 같아. 끝까지 다 읽고 나면 이 책을 내려놓고✦, 매니페스토를 마무리 짓고✦, 국민에게 발표할 준비가 돼 있을 거야✦.

✦ ☹
✦ ☺
✦ ☺

새 국가를 위한 할 일 목록

국가 짓기

모든 나라에는 나라를 대표하는 노래, 즉 국가가 있어. 무엇 때문일까? 노래뿐 아니라 깃발, 메달 등 각종 국가 상징물은 국민에게 정체성을 부여하는 역할을 해. 다시 말해 국민이 자신의 나라에 대해 소속감, 나아가 자부심을 갖는 데 도움이 되기 때문이야.

대다수 국가의 가사는 국민들이 자기 나라를 위대한 나라라고 느낄 수 있도록 마음을 일렁이게 하는 내용이야. 힘을 합쳐 더 위대한 나라로 만들 수 있도록 고취하는 가사도 많아. 예를 들어 호주 국가에는 이런 가사가 있어.
"용기를 갖고 단결하자. 아름다운 호주여, 전진하라."

전투적인 가사들도 있어. 프랑스 국가의 "무장하라, 시민들이여, 대오를 꾸려라, 전진하라, 전진하라"가 그 예야. 연애편지 같은 가사들도 있지. 방글라데시 국가에는 "망고 나무 과수원에서 나는 향기가 나를 사로잡네"라는 내용이 등장해.

또 올바른 행동에 대해 이야기하는 가사도 있어. 작은 섬나라인 키리바시(실제 발음은 '키리바스'에 가까워)의 국가는 이래. "행복과 단결을 이루자, 서로 사랑하자!" 키리바시는 좋은 곳인 것 같아.

일단 한 편의 시처럼 국가의 가사를 써 보면 어떨까? 그다음에는 언제든 곡을 붙이면 돼.

일급비밀: 지도자의 비망록

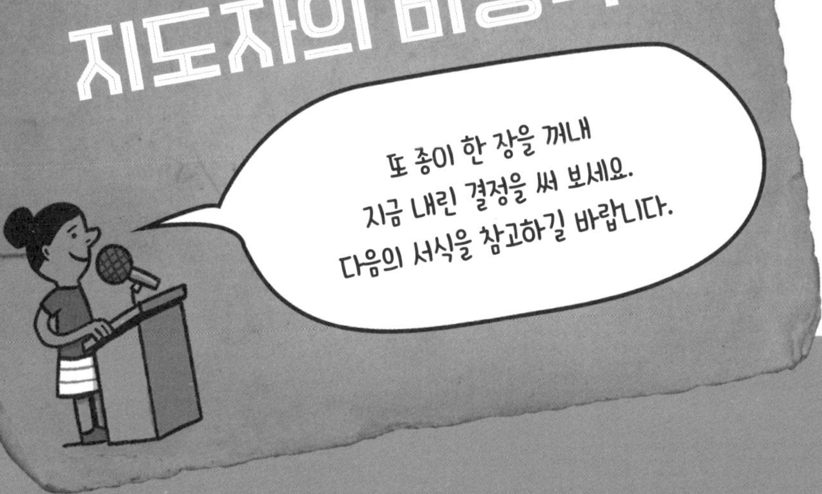

지도자로서의 권한을 바탕으로 새 나라의 국가 제목을 다음과 같이 정한다.

다른 나라 국가의 제목을 참고해 봐. 영국 국가의
"하느님, 국왕 폐하를 지켜 주소서"를
"하느님, 절 지켜 주세요"로 바꾸면 어때?

국가의 곡조는 다음과 같다.

물론 네가 처음부터 만들 수 있다면 정말 굉장할 거야.
하지만 그게 어려우면 원래 알고 있던 곡을 갖고 와도 상관없어.

나의 정치적 신념에 대해서는 다음과 같이 밝히는 바다.

진보적 자유주의자 / 보수주의자
자유 지상주의자 / 민족주의자 / 페미니스트
군주주의자 / 환경 보호론자 / 급진 자유 천산갑주의자

나는 다음과 같이 작동하는 나만의 정치 이데올로기를 탄생시켰다.

너만의 정치 이데올로기를 만들었다고? 정말 잘했어!
원대한 야망에 감탄하지 않을 수 없군. 그런데 종이가 좀 많이
필요할 거야. 카를 마르크스와 프리드리히 엥겔스는 무려
2,156쪽에 걸쳐 공산주의 이론을 설명했어.

또 나는 다음의 경향을 갖고 있음을 밝힌다.

자본주의자 / 공산주의자

조금 좌파 / 조금 우파

중간 어딘가

4장

공정성

나 하나만 내키는 대로 먹고, 입고, 보고, 즐길 수 있다면 궁 밖의 고약한 냄새를 풍기는 농부들에게 어떤 일이 벌어지고 있는지는 굳이 몰라도 된다고 생각하는 사람들도 있을 거야. 만일 그렇다면, 좋아, 이 장은 건너뛰어도 돼.✦

✦ 그런데 거짓말은 하지 않을게. 조금 실망이야. 무작정 단념하는 대신 농부들에게 냄새를 없애는 데오드란트를 무상으로 나눠 줄 수도 있는 거잖아? 아니라고? 좋아, 알았어. 다음 장으로 넘어가. 하지만 역사에 악랄한 폭군이라고 기록돼도 내 탓은 하지 마.

하지만 국민에게 사랑받는 위대한 지도자가 되려면 공정해야 할 필요가 있어. 1장에서 공정한 정부 형태를 선택했다면, 잘했어. 이제 어떻게 공정한 정치를 펼 것인지에 대해 생각해 볼 차례야.

'공정성'은 무슨 뜻일까? 내 사전에 따르면 공정성이란 모든 사람을 똑같이 대우하는 거야. 그런데 친절한 할머니와 도끼를 휘두르는 살인자를 똑같이 대해야 할까? 글쎄, 나는 잘 모르겠어.

아마 너와 같은 정치인에게 공정성이란 모든 사람이 정당한 대우를 받는 사회를 만드는 것일 것 같아.

또 공정성은 논쟁이 벌어졌을 때 어느 한 사람의 주장이 증거가 충분하고 일리 있다고 생각하기 때문에 그 사람을 편드는 것을 의미할 수도 있어. 단순히 그 사람이 너의 어머니라서가 아니라 말이지.✦

불공정한 상황은 때때로 사소해. (급식 시간에 줄을 서 있는데 누군가 네 앞에 끼어들었을 때.) 때로는 조금 더 심각해. (수업 시간에 떠든다고 선생님한테 혼났는데, 네가 떠든 게 아니었을 때.) 사소하든 심각하든 불공정한 상황에 처하는 건 끔찍한 일이야.

내가 경험한 바로 아이들은 불공정한 일이 벌어지면 기가 막히게 알아차려. (특히 자신에게 그런 일이 벌어졌을 때 말이야.) 네가 지도자가 돼서 기쁜 이유 중 하나야.

✦ 하지만 현실에서는 엄마 말에 반대해서 좋을 게 없어. 엄마는 보통 옳거든.

그런데 불공정한 일을 당했을 때 알아차리기란 쉬워도, 모든 사람을 공정하게 대우하는 방법을 찾아내는 일은 훨씬 어려울 수 있어.

모든 사람이 정당한 대우를 받는 게 공정성이라고 말하는 것은 쉬워. 그렇지만 누가 어떤 대우를 받는 게 마땅한지 결정해야 하는 입장이 되면 모든 게 까다로워지기 시작해.

누가 '맨 위'에 있어야 할까?

어른들이 공정성에 대해 말하는 걸 들어 보면 부나 돈에 관한 이야기일 때가 종종 있어. 어떤 사람들은 돈이 엄청 많고 어떤 사람들은 돈이 거의 없어. 또 많은 사람이 그 사이에 위치해 있어.

돈이 인생에서 가장 중요한 것은 아니야. 하지만 아주 중요하지. 살 곳을 마련하고, 식사를 준비하고, 전기를 이용하려면 돈이 필요해.

돈이 있으면 뭘 할지 더 자유롭게 선택할 수 있고 (은행에 맡겨 둔 돈이 정말 많아서 일할 필요가 없는 사람들도 있어) 여러 문제에도 대비할 수 있어.

우리는 돈이 부족해도 행복하고 성공적인 삶을 살 수 있지만, 어려운 일이 생기는 건 사실이야. **돈이 충분하지 않으면 음식을 구하지 못하거나 전기를 공급받지 못할 수 있어.**

이렇게 돈이 유용하다는 사실을 고려할 때, 맨 위(돈을 가장 많이 받는 사람들)에 있는 사람들이 맨 아래에 있는 사람들보다 돈을 더 많이 받는 게 마땅한 일인지 한번 생각해 볼 필요가 있어. 예를 들어 은행가는 간호사보다 돈을 많이 (그것도 훨씬 많이) 받아.

이게 공정한 걸까?

"그야 열심히 일하니까요."
은행가들은 항변할 거야.
"그리고 세상이 은행을 필요로 하잖아요. 우리 일은 대단히 까다롭고 복잡한 일이에요."

하지만 간호사들도 반박할 거야.
"우리도 열심히 일합니다! 병에 걸려 봐요, 우리가 얼마나 중요한 존재인지 실감할 수밖에 없을 걸요?"

최고의 프로 축구 선수와 선생님의 보수를 비교해 보자.

리오넬 메시는 아주 뛰어난 축구 선수야. 그런데 메시는 너희 선생님이 10년 동안 버는 돈을 하루 만에 벌어! 이게 공정한 걸까? 실제로 어느 일이 더 중요한 것 같아?

메시는 이렇게 말할지도 몰라.
"좋은 선생님들은 많아요. 하지만 저 같은 축구 선수는 세상에 저 하나뿐이에요."

선생님은 이렇게 말할 수 있을 것 같아.
"맞아요, 메시. 하지만 전 아이들이 배우는 걸 돕고, 당신은 그냥 공을 차는 것뿐이잖아요."✦

무엇보다 중요한 건 사람들이 얼마를 받느냐가 아니라 '평등한 기회'가 주어졌는지 여부라고 주장하는 사람들도 있어. 성공을 거둘 기회가 누구에게나 공평하게 주어지는 한 모든 사람이 똑같이 잘되지 못하는 건 문제가 아니라는 뜻이야.

달리기 경주라고 생각해 봐. 모든 사람이 똑같은 지점에서 출발하는 한 결과는 공정한 거라는 이야기야.

이 생각에 동의한다면, 지도자로서 네가 해야 하는 일은 인생의 경주를 같은 선상에서 출발할 수 있도록 만드는 거야. 구체적으로 어떤 방법이 있을까?

- 모든 어린이가 좋은 학교에 다닐 수 있도록 노력한다. 학교에서 우수한 성적을 받는 건 인생의 경주를 시작하는 가장 좋은 방법이야.

✦ 메시 같은 축구 선수가 큰돈을 받는 이유 중에는 많은 사람이 그가 경기에서 활약하는 모습을 보고 싶어 하며 기쁘게 돈을 내기 때문이라는 이유도 있어. 너희 선생님이 일을 하는 모습(혹은 축구를 하는 모습)을 보기 위해 즐겁게 돈을 낼 사람은 아마 없을 거야. 여기서 말하는 건 한마디로 '시장의 힘'이야. 사람들 개개인이 돈을 어떻게 쓸지에 관해 내리는 결정의 총합을 의미해. 메시를 너희 선생님보다 부자로 만드는 것은 바로 시장의 힘이야.

- 모든 국민에게 무상 의료 서비스를 제공한다. 아프면 최선을 다해 달릴 수 없어. 누구나 아플 때 부담 없이 병원에 갈 수 있으면 인생의 경주가 한결 공정해질 거야.

- 음식을 구하고 안정적인 생활을 하는 데 어려움을 겪는 가족들을 체계적으로 지원한다. 아침을 충분히 먹지 못한 어린이, 밤에 편안한 집에서 잠을 자지 못한 어린이는 경주를 할 때 불리할 가능성이 커.

- 어느 누구에게도 피부색 등의 부당한 이유로 기회를 얻지 못하는 일이 (학생회 임원 자리든 지역 기업에서 인턴으로 활동할 기회든 박물관 견학에서든) 일어나지 않도록 규제한다.

모든 사람이 같은 곳에서 경주를 시작하도록 하기 위해 네가 할 수 있는 일에는 또 뭐가 있을까?

너의 정책 덕분에 모든 사람이 충분한 가능성과 함께 인생의 경주를 시작할 수 있다면, '평등한 기회'를 보장하는 데 기여했다고 말할 수 있어.

하지만 여기에는 함정이 있어. 이 경주가 공정하다고 생각한다는 건, 이기는 사람은 이길 만해서 이기는 거라고 생각한다는 거야.
이건 지는 사람은 질 만하기 때문에 진다는 생각과도 같아. 그렇게 생각해? 아니면 운이 중요한 걸까? 타고나길 잘 달리는 사람들이 있다면? 사실 이 경주의 결과는 운에 따라 여러모로 달라져.

수학 수업을 떠올려 보자. 너는 열심히 공부하고 언제나 최선을 다하는 학생이야. 그런데 개념을 이해하는 속도가 다른 학생보다 느려.

그런데 키이스(기억나지?)도 같은 수업을 들어. 키이스는 공부는 하지 않고 언제나 선생님 몰래 떠들어. 그렇지만 수학 개념을 듣기만 하면 바로바로 이해하는 것 같아.

두 사람에게는 똑같은 기회가 주어졌어. 같은 학교를 다니고, 같은 선생님한테 배워. 수학 개념을 이해할 기회도 똑같이 주어졌지. 그렇지만 (약 오르게도) 키이스는 너보다 수학을 훨씬 잘해.✦ 공정하게 느껴져?

네가 평화로운 나라에 살고 있다면, 정상적인 생활이 불가능한 전쟁 지역에 사는 사람보다 운이 좋은 거야.

또 많은 사람이 흔쾌히 돈을 내고 보고 싶어 하는 일(축구 등)에 뛰어나다면, 아무도 관심 없는 일에 뛰어난 사람보다 운이 좋은 거야. (마로니에 열매 깨기 등.)

컴퓨터가 있다면 컴퓨터가 없는 친구보다 훨씬 쉽게 숙제를 해결할 수 있어. 부모님이 책을 사 주고 도서관에 데려간다면, 집에 책이 없는 아이보다 읽기를 잘할 가능성이 커.

운 좋게도 집중력이 높다면 쉽게 산만해지는 사람보다 숙제를 빨리 끝낼 수 있을 거야.

✦ 우리는 어떤 일이 어렵게 느껴지면 포기하고 빛나는 재능이 있는 사람들을 부러워하기도 해. 하지만 두 개의 양동이가 있다고 상상해 봐. 하나는 재능으로 가득 찬 양동이고 (우리는 누구나 재능을 갖고 있어, 아직 발견하지 못했을 뿐이야) 다른 하나는 노력으로 가득 찬 양동이야. 만일 네가 두 양동이를 모두 쓴다면, 즉 재능 있는 일에 노력을 기울인다면 성공할 가능성이 매우 높아. 그러나 재능 양동이만 쓰고 노력은 하지 않는다면 성공할 가능성이 매우 낮아. 끝내 재능을 찾지 못해도 항상 노력 양동이를 가져다 쓴다면 대부분 잘 해낼 거야.

이런 것들이 인생의 경주를 똑같은 선상에서 출발하기 어렵게 만드는 요소들이야. 그런데 불운은 경주가 시작된 뒤에도 우리 중 누구의 발목을 잡을 수 있어.

인생의 경주를 시작한 두 사람, 카비타와 케빈을 비교해 보자. 출발을 알리는 총소리가 울리자마자 카비타는 재빨리 달려 나갔어. 카비타가 달리는 트랙은 티 한 점 없이 깨끗했고, 카비타는 곧 선두를 차지했어.

케빈은 같은 위치에서 경주를 시작했어. 그런데, 저런! 케빈이 달리는 트랙에 바나나 껍질이 있어. 아이코! 그다음에는 장난꾸러기 천산갑이 느닷없이 나타나 길을 가로막았어. 첩첩산중으로 어떤 멍청이가 구덩이까지 팠잖아! 맙소사.

케빈이 치고 나가기 시작해. **달려라, 케빈!** 하지만 거의 곧바로 군중 속에서 누군가가 케빈의 얼굴에 오징어를 던졌어, 이제 케빈은 앞이 보이지 않아. (사람들이 중얼거려. "어휴, 오징어라니! 오징어 날아가는 거 본 사람? 케빈도 못 봤겠지!") 그러는 사이 카비타는 보이지도 않게 됐어. 현실에는 온갖 종류의 장애물이 있고, 알아채기 쉬운 것도 있지만 알아채기 쉽지 않은 것도 있어.✦

카비타같이 성공한 사람들은 대체로 지금 자신이 있는 위치에 이르기까지 많은 노력을 기울이고 현명한 결정을 내렸을 거야. 또 몇몇 행운이 따랐을 가능성이 커. (적어도 케빈 같은 사람들만큼 불운이 따르지는 않았을 테지.)

그래서 누가 이길 만하고, 누가 질 만한지 가리기란 더욱더 쉽지가 않아.

문제는 이거야. 우리 삶에서 운이 무시할 수 없는 역할을 한다는 건 이 경주가 공정할 수 없다는 의미일까? 그렇다면 지도자인 네가 할 수 있는 일은 없을까? 사실 한 가지가 있어.

✦ 오징어가 불시에 얼굴을 덮치는 일은 그렇게 자주 일어나진 않아.

‘기회의 평등(모든 사람이 인생의 경주에서 공정한 기회를 보장받는 것)’뿐 아니라 ‘결과의 평등’에 대해서도 관심을 기울이면 돼. 사람들이 어디에서 출발하는가에 신경을 쓰는 것에 더해, 사람들이 어떤 결과에 이르는가에 대해서도 신경을 쓰는 거지.

간단히 말해 경주의 우승자에게 모든 상금을 주는 대신, 경주에 참가한 모든 사람에게 상금을 나눠 주는 거야. 그렇게 하면 운의 문제를 해결하는 데 도움이 될 수 있어.

그런데 정말 이게 더 공정한 걸까?

왜 경주에 최선을 다하지 않은 사람이 몇 달 동안 훈련한 사람만큼 많은 상금을 받아야 해?

경주 이야기는 잠시 옆으로 미뤄 두고, 다른 예를 들어 볼게. 하루 종일 포트나이트 게임을 하며 빈둥거린 사람과 할 수 있는 최선을 다해 힘든 일을 한 사람이 같은 임금을 받아야 할까?

완벽한 해답은 없어. 하지만 완전히 공정해질 순 없다 해도 네가 가능한 한 공정한 경주를 만들기 위해 노력했으면 좋겠어. 상금을 똑같이 나누는 것이 공정하지 않다는 입장이라면 ‘조금만’ 나눠 주는 방법도 있어. 그리고 이렇게 결정하고 나면 자연스럽게 또 한 가지 질문이 떠오를 거야. ‘상금을 어떻게 나눠야 할까?’ 그건 바로 세금 제도를 통해서지.

세금

경고: 이 주제는 어떤 사람들을 몹시 언짢게 만들 수 있습니다.

정부는 다리를 놓는 것부터 도서관에 책을 채워 넣는 것까지 온갖 일을 하는 데 필요한 돈을 시민들에게 걷어서 마련해. 이 돈을 '세금'이라고 불러.

대부분의 현대 국가에는 엄청나게 많은 종류의 세금이 있어. 그중 하나는 '소득세'야. 일한 결과로 돈을 버는 사람들, 즉 소득이 있는 사람들은 번 돈의 일부를 정부에 세금으로 내야 해.

사람들은 세금에 대해 불평해. 하지만 아무도 세금을 내지 않으면 정부는 유용한 일을 할 수 없어. 아예 아무것도 못할 수도 있어.

이때 트레이드 오프 관계(다시 등장!)에 놓여 있는 게 무엇인지는 명확해. 더 많은 세금을 걷을수록 정부가

공공 서비스(학교나 병원)에 쓸 수 있는 돈이 많아지고, 개인이 원하는 데 쓸 수 있는 돈은 줄어들어.

세금이 하나도 없으면 나라를 운영하기 어려워. 그렇다고 해서 시민들이 자신의 돈을 몽땅 주기를 바랄 순 없어. 넌 지도자로서 이 사이 어딘가에서 타협점을 찾아내야 해.

세상의 다양한 나라들은 모두 저마다 다른 선택을 내렸어. 예를 들어 스웨덴은 아주 많은 세금을 걷어.

스웨덴 정부는 이 돈으로 스웨덴 시민에게 수준 높은 공공 서비스를 (모든 미취학 아동을 위한 보육 시설을 무상 또는 낮은 비용으로 제공하는 것 등) 제공해. 힘든 시기를 겪게 된 스웨덴 사람들도 (직장을 잃거나 질병에 걸리는 것 등) 정부로부터 상당한 도움을 받아.

반면 러시아 정부는 훨씬 적은 세금을 걷어. 러시아의 공공 서비스 수준이 스웨덴보다 낮은 데는 이 이유도 있어. 힘든 시기를 겪게 된 러시아 사람들은 스웨덴 사람들만큼 정부로부터 많은 도움을 기대하기 어려워.

이제 지도자로서 세금을 얼마나 걷을지 결정해야 해. 스웨덴과 러시아 중 어느 쪽과 비슷한 수준의 세금 제도를 갖추고 싶어?

다음으로는 누구에게 세금을 걷을지 결정해야 하지. 모든 사람에게 똑같은 양의 세금을 내라고 할 거야? 아니면 부유한 사람이 가난한 사람보다 더 많은 세금을 내는 게 공정한 걸까? 어떻게 생각해?

많은 사람이 부자는 가난한 사람보다 돈이 넉넉하기 때문에 세금을 더 많이 내야 한다고 생각해. 하지만 모든 사람이 동의하는 건 아니야. (당연히 상당수의 부자도 동의하지 않지.)

그러고 나면 걷은 세금으로 뭘 할지 결정할 차례야.

쓰레기차에서부터 교도소, 주차 관리원에 이르기까지 세금을 써야 하는 곳을 나열해 보면 긴 목록이 만들어질 거야.

한편 도움이 필요한 사람들을 위해서도 세금을 써야 해.✦
사람들이 도움을 필요로 하는 까닭은 아주 다양해.
일을 할 수 없는 사람들도 있어.

우리는 앞에서 인생의 경주 상금을 나눠야 하는가, 즉 부자와 가난한 사람 사이의 격차를 줄이기 위해 노력해야 하는가에 대해 이야기했어. 세금 제도를 이용하면 그렇게 할 수 있어. 부유한 사람에게 돈을 걷어 가난한 사람에게 주는 것을 '세금의 소득 재분배 기능'이라고 해.

✦ 정부가 사람들을 돕기 위해 지급하는 돈에는 각종 '정부 지원금'과 '복지 수당'이 있어.

어떻게 세금이 이 같은 효과를 가져올 수 있는지 과일을 예로 들어 설명해 볼게.

카비타는 일주일에 사과를 5개 벌어. 케빈(그래, 오징어 소년)은 1개를 벌어. 그런데 법에 따르면 누구도 일주일에 사과를 2개보다 못 벌어선 안 돼. 그리고 사과를 4개보다 많이 버는 사람은 4개가 넘는 사과는 모두 정부에 내야 해. ('사과세'라고 할게.)

그래서 카비타는 다섯 번째 사과를 정부에 냈어. 그리고 정부는 그 사과를 케빈에게 주었어. 결과적으로 카비타는 사과 4개를 갖게 됐고, 케빈은 사과 2개를 갖게 됐어. 두 사람이 가진 사과의 차이는 2개야. 사과세가 없었으면 이 차이는 4개였을 거야. 이제 알겠지?

모든 사람을 빠짐없이 돌보기

네가 좌파든 우파든, 평등한 기회를 지지하든, 평등한 결과를 지지하든, 아니면 그냥 뒤로 물러나 상황을 지켜보고 싶어 하든 간에, 지금쯤 부디 자신이 어떤 가치를 옹호하는지 이해가 깊어졌기를 바라.

그에 더해 이 모든 걸 생각하는 과정에서 나라를 통치하는 것은 엄청난 책임이 따르는 일이라는 것도 알게 됐다면 좋겠어. 가장 나이 많은 시민부터 가장 어린 시민에 이르기까지 모든 사람 한 명 한 명이 너에게 의지하고 있어.

이 말은 네가 너를 지지하는 사람뿐 아니라 너를 지지하지 않는 사람들도 돌봐야 한다는 뜻이야. 이 말은 사회 주요 인사와 목소리가 큰 사람만 돌봐서는 안 된다는 뜻이기도 해.

편견은 한 사람 또는 한 집단이 다른 사람 또는 다른 집단에 대해 가질 수 있는 불공정하고 불친절한 생각을 일컫는 단어야. 그리고 **차별**은 편견의 결과로 어떤 사람이나 집단에 대해 부당한 행동을 하는 것을 가리키는 단어지.

소수자 집단은 편견과 차별에 직면할 가능성이 더 높아. 차별에는 인종 차별(출신지나 피부색을 이유로 차별하는 것), 장애인 차별(장애를 이유로 차별하는 것), 성차별(성별을 이유로 차별하는 것) 등이 있어.

차별이 **불공정**한 이유는 차별이 어떤 사람을 품성이나 행동 때문에 비난하는 것이 아니라 그 사람이 누구인지, 어디에서 왔는지를 이유로 벌어지는 것이기 때문이야.

원컨대 차별이 없는 나라를 만들기 위해 네가 할 수 있는 일은 무엇이 있을까?

많은 나라에서 관련 법을 통해 적어도 몇 가지 종류의 차별을 불법으로 규정하고 있어. 호주나 덴마크 같은 나라를 참고하면 도움이 될 거야. 두 나라는 아주 강력한 차별 금지법을 시행하거든.

전문가에 따르면 우리는 일단 알게 된 사람들에 대해서는 편견을 가질 가능성이 낮아. 그렇다면 누구나 한데 어우러져 살아가는 혼합 공동체를 만드는 것이 도움이 된다는 거 아닐까? 물론 사람들이 어디에 사는지를 완전히 통제할 수는 없지만, 최소한 뻔한 실수는 피할 수 있으리라고 봐. 예컨대 미국의 일부 주에서는 1954년까지 흑인과 백인 아이들이 함께 교육을 받을 수 없었어.

학교에서 시작하는 게 좋아. 아이들에게 편견이 해로운 까닭과 편견을 알아차리는 방법을 (자기 자신이 가진 편견을 알아차리는 것도 포함돼) 이해할 수 있도록 가르치는 거야.

아마도 네가 지도자로서 할 수 있는 가장 중요한 일은 통합된 사회를 만들고 시민들이 차이를 넘어 서로 존중하고 서로에게 다정할 수 있도록 북돋우는 거야. 게다가 네가 솔선수범하는 모습을 보이면 큰 도움이 될 거라고 봐.

새 국가를 위한 할 일 목록

통화 만들기

한 나라의 돈을 그 나라의 통화라고 불러. 한국의 통화는 원화고, 미국의 통화는 달러화, 영국의 통화는 파운드화, 일본의 통화는 엔화야. 많은 유럽 국가는 유로화라는 통화를 같이 쓰고 있어. 통화 종류는 당연히 이것보다 훨씬 많아.

이제 너도 나라의 통화를 만들 때야. 이름도 붙이고 (빙, 봉, 위스커, 시미스커, 뭐든 가능해) **지폐와 동전을 디자인해 보자.**

통화는 국기나 국가와 마찬가지로 자기 나라를 자랑할 수 있는 또 다른 기회이기도 해. (네가 새 나라의 통치를 맡기 전 너와 네 가족들이 썼던 화폐를 꺼내 보면, 국가적으로 중요한 영웅들의 모습이 담겨 있을 거야.)

자, 그럼 종이를 한 장 준비해 볼까? 우선 디자인을 곰곰이 생각해 보자. 네가 만든 새로운 화폐가 앞으로 수백 년 동안 쓰일지도 모르는 일이야.

지도자의 권한을 바탕으로 새 통화의 이름을 다음과 같이 정한다.

웃기는 이름으로 하려고? 글쎄, 국민들이 앞으로 오랫동안,
어쩌면 수백 년 동안 써야 하는 이름이라는 점을 헤아려 주길 바라.

우리 정부는 다음의 사항을 추구하는 데 헌신한다.

☑ 기회의 평등 / 결과의 평등 / 둘 다 추구한다 /
둘 다 추구하지 않는다✦

☑ 나는 세금을 거의 걷지 않는다 / 많이 걷는다 /
무진장 많이 걷는다.
그래서 쓰레기 같은 /
나쁘지 않은 / 스웨덴이 부러워할 만한 수준의
공공 서비스를 제공한다.

✦ 오, 이런. 내가 아무것도 안 가르쳤어?

☑ 나는 세금 제도를 이용해 부자들의 부를
아주 조금 / 꽤 많이 / 대단히 많이 가난한 사람들에게
이전시킨다 / 이전시키지 않는다.

☑ 나는 공정한 사회를 만들기 위해 부단히 노력할 것이다 /
노력하지 않을 것이다.
또 우리 사회에서 편견과 차별이 사라질 때까지 멈추지 않을
것이다 / 멈추지 않을 것 같진 않다.

5장

세계 속의 너

지금까지 긴 여정을 달려왔어. 처음 이 책을 집어 들었을 때 넌 이름도 없고 정부 형태도 없고 안락한 욕조도 없는 나라를 갓 맡은 지도자였어. 이렇게 말해도 될지 모르겠지만, 보스, 넌 완전히 햇병아리였어.

지금의 네 모습을 봐. 넌 네가 가장 효과적이라고 생각하는 정부 형태를 결정했고, 여러 가지 어려운 질문에 대해 네가 어떤 입장을 가졌는지도 알아냈어.

평일은 덜덜 떠는 부하들에게 명령을 내리면서 보내고,
주말은 유명 유튜버들과 배드민턴을 치며 보내지.
나쁘지 않아!

하지만 그 어떤 나라도 섬이 아니야. (그래, 맞아, 많은 나라가 섬나라지.) 내 말은 혼자 떨어져 있는 나라는 없다는 뜻이야, 즉, 네가 해결해야 하는 문제는 나라 안에만 있는 게 아니라는 거지. 넌 지금 세계 무대에 서 있어. 다른 세계 지도자들과 더불어 각종 문제를 해결하는 데 네 몫을 다해야 해.

이제 네가 대비할 수 있도록 큰 문제에 대해 생각해 볼 차례야. 이 장에서 다루면 좋을 것 같은 사안이 한둘이 아니지만, 지금은 시작에 불과하니 딱 세 가지 문제에만 초점을 맞춰 볼게.

대부분의 세계 지도자들이 지금 이 순간에도 걱정하고 있을 문제이니만큼, 너도 곧 그렇게 될 거야.

기후 변화

기후 변화는 중대한 문제야. 기후 변화를 일으키는 주범은 인류가 200여 년 전부터 본격적으로 쓰기 시작한 화석 연료(석탄, 석유 등)라고 할 수 있어. 화석 연료를 태우면 이산화 탄소(CO_2)가 배출돼. 과학자들은 지구의 대기에 이산화 탄소가 너무 많으면 태양에서 온 열이 빠져나가지 못해 지구가 더워지는 **온실 효과**가 커진다는 것을 증명했어.

기온이 올라가면 여러 가지 문제가 생겨. 우리는 이미 극심한 가뭄과 빈번한 홍수, 강력한 허리케인, 끔찍한 산불 같은 문제를 겪고 있지.

극지방의 빙하도 녹고 있는데, 그러면 해수면이 상승하면서 해안의 마을과 도시가 물에 잠기고 사람들은 다른 곳으로 이주해야 해.

그래서 일부 사람들, 특히 젊은 사람들은 우리가 처해 있는 현실을 '기후 비상사태'라고 부르기도 해. 우리가 해결해야 하는 환경 문제는 지구 온난화만이 아니지만, 가장 큰 문제인 건 맞아.

과학자들에 따르면 기후 변화로 인한 최악의 사태를 막으려면 2030년까지 이산화 탄소 배출량을 반으로 줄이고, 2050년까지 탄소 중립을 달성해야 한다고 해.✦

사실 (심각하게 말하고 싶지 않지만 달리 방법이 없군) 둘 중 어느 목표도 우리가 살아가는 방식과 사회가 작동하는 원리의 엄청난 변화 없이는 달성할 수 없어.

그리고 이를 위해서는 우리의 새로운 지도자인 네 역할이 필요해.

기후 변화 문제 해결을 향한 전 세계적 노력에 동참하려면 어떤 일을 하면 좋을까? 다음의 몇 가지를 고려해 볼 수 있을 것 같아.

- 인류가 이 문제를 인정하기까지는 오랜 시간이 걸렸어. 그 이유는 지구 온난화라는 과학적 사실을 거짓이라고 말하는 사람들이 있기 때문이기도 해. 그중에는 지도자들도 있어. 하지만 아니야, 이 사람들은 틀렸어. 다른 나라를 통치하고 있는 너의 새로운 친구들, 그리고 네가 지도자인 나라의 모든 사람에게 지금 벌어지고 있는 일들을 이해시킬 방법을 찾아야 해. 기후 변화 문제를 알리기 위해 노력해 주겠어?

- 많은 나라가 기후 변화에 대응하기 위해 다양한 협약을 맺고 지구 온난화를 억제하려고 힘쓰고 있어. 탄소 중립을 목표로 삼은 나라도 적지 않아. 그런데 이 목표는 고무적이긴 하지만 어떻게

✦ 탄소 중립은 이산화 탄소의 실질적인 배출량을 0으로 만드는 것을 의미해. 즉, 이산화 탄소를 배출할 순 있지만 그만큼 다시 제거하기 위한 조처를 해야 해. 이산화 탄소를 제거하는 것은 배출하는 것보다 훨씬 어려운 일이야.

이룰 수 있을지에 대한 확실하고 현실적인 계획은 아직 없는 상황이야. 이 목표를 달성하기 위해 너도 국가적 차원의 노력을 기울일 생각이라면, 다음의 구체적 방안들을 검토해 봐.

- 다른 나라와 마찬가지로 네 나라에서도 집에 불을 밝히고, 사무실을 따뜻하게 유지하고, 기차를 움직이거나 인터넷을 작동시키는 등 우리 생활을 떠받치는 무수한 일을 위해 많은 에너지가 소비되고 있어. (집 안을 둘러보고 얼마나 많은 전기용품이 있는지 한번 세어 봐. 무지무지 많을걸?) 이제 화석 연료의 문제를 알게 됐으니 다른 방식을 통해 전력을 생산할 방법을 모색해야 해. 이산화 탄소를 발생시키지 않는 **청정에너지** 또는 **재생 가능 에너지**에는 풍력, 태양력, 원자력,✦ 조력 등이 있어. 앞으로 너는 에너지 정책을 화석 연료 중심에서 재생 가능 에너지 중심으로 전환할 것인지 말 것인지 결정해야 해. (전환에 드는 비용을 어떻게 마련할 것인지, 그리고 더 이상 가동하지 않는 화석 연료 발전소는 어떻게 할 것인지 해결하는 게 쉽지 않을 거야.)

✦ 원자력을 청정에너지로 볼 수 있는지는 논란의 여지가 있어. 원자력 발전소에서는 굉장히 위험한 폐기물이 나오는데, 1,000년 동안 그 위험성이 사라지지도 않거든.

- 다음의 작은 일들을 시민들이 실천하도록 독려해 봐. (개개인의 작은 행동이 모이면 큰 변화를 만들어 낼 수 있어.) 사람들이 육류와 유제품을 덜 먹으면 세상에는 방귀 뀌는 소가 지금처럼 많이 없어도 될 거야. (믿기 힘들겠지만 소가 내뿜는 방귀는 지구 온난화를 심화시키는 원인 중 하나야.) 차와 비행기를 덜 이용할 수도 있어. 또 가정에서 난방을 켜는 대신 옷을 한 겹 더 입으면 에너지 사용을 줄일 수 있어. 고장 난 물건은 버리기보다 고쳐 쓰는 게 좋아. 어떻게 하면 시민들의 참여를 이끌어 낼 수 있을까? (정부가 쓸 수 있는 방법에는 상품과 서비스의 가격을 높여 소비를 억제하는 방법도 있어. 비행기표 값을 비싸게 만드는 건 어때?)

- 이산화 탄소 배출량을 줄이는 방법을 찾는 것도 중요하지만, 이미 공기 중에 있는 이산화 탄소를 제거할 방법도 찾아야 해. 나무는 자연적으로 이산화 탄소를 흡수해. 그러니 우리가 더 많은 나무를 심는다면 큰 도움이 될 거야.

- 지구 공학에 기대는 방법도 있어. 지구 공학은 큰 효과를 줄 수 있는 대규모 프로젝트야. (그런데 그만큼 엄청난 비용을 투자해야 하고, 다른 나라와의 협력도 요구돼.) 지구 공학 기술에는 진짜 나무보다 많은 양의 이산화 탄소를 흡수할 수 있는

인공 나무를 개발하는 것, 사막에 거대한 거울을 설치하는 것,✦ 공기 중으로 배출되는 이산화 탄소를 포집해 다른 곳에 안전하게 저장하는 것 같은 기술들이 있어.

시민들을 새롭고 친환경적인 생활 방식으로 이끌기 위해 얼마나 강한 조치를 취하고 싶은지 곰곰이 생각해 봐야 해.

비행기 이용을 완전히 금지하고 사람들이 휴가를 떠나지 못하게 할 거야? 아니면 고기를 금지할 거야? (그리고 다음번 바비큐 파티에는 숨어 있을 거야?)

정부가 새로운 청정에너지를 개발하거나 지구 공학적 해결책을 마련하고 대규모 숲 조성 사업에 투자할 수 있도록 시민들에게 세금을 더 내라고 할 거야?

✦ 태양에서 온 열은 대부분 지구 표면에서 반사돼 우주로 다시 나가. 일부는 대기 중에 갇히는데, 그렇지 않으면 지구는 굉장히 추웠을 테니 다행스러운 일이라고 할 수 있어. 알다시피 지금 문제는 공기 중의 이산화 탄소 증가로 너무 많은 태양열이 빠져나가지 못하고 있다는 거야. 어, 잠깐! 거울은 지구 표면보다 반사를 더 잘하잖아? 누구나 아는 사실이야. 그렇다면 사막에 거대 거울을 설치하면 더 많은 태양열을 지구 밖으로 내보내는 데 효과가 있을 지도 몰라. 짠! 문제가 해결됐군. 그런데 이렇게 말처럼 쉬운 일인지는 모르겠네.

쉽지 않은 트레이드 오프 상황이야. (그래, 또야.) 난 이렇게 어려운 결정은 내리고 싶지 않아. 하지만 그렇기 때문에 넌 대통령 궁에서 살 수 있고, 난 살 수 없는 거겠지.

앞서 소개한 행동 방침을 다시 한번 살펴봐. 어느 걸 가장 먼저 시도해 보고 싶어? 각 선택지와 트레이드 오프 관계에 있는 것들이 무엇인지 헤아리고, 가장 큰 효과를 낼 수 있을 것 같은 선택지를 따져 봐.

종이를 꺼내 이 방침들을 네가 정한 순서대로 다시 써 봐. 그런 다음 팀원 한 명을 불러 종이를 건네고, 그 내용을 토대로 세상을 구하는 데 힘써 달라고 하는 거야. 이제 조금은 여유롭게 다음 문제로 넘어갈 수 있겠지?

일단 심호흡부터 하고 시작하자.

인공 지능

인공 지능(AI)은 기계가 여러 가지를 이해하고 예측하며 나아가 판단할 수 있게 하는 기술이야. 다른 말로, 컴퓨터가 자체적으로 생각하고 문제를 해결한다는 거지.

인공 지능 기술 중에는 '머신 러닝' 기술도 있는데, 이 기술을 활용하면 컴퓨터나 로봇은 요청된 일을 점점 더 잘하게 돼, 스스로 말이야.

알고리즘은 컴퓨터가 따를 수 있도록 사람이 작성한 명령들의 집합이야. 인공 지능은 컴퓨터가 '학습'을 통해 자율적으로 알고리즘을 향상시키도록 만들어.

너도 깨닫지 못했지만 이미 이런 기술을 접하며 지내고 있을 거야.

유튜브나 넷플릭스를 시청할 때도 알고리즘이 네가 이전에 선택한 내역을 바탕으로 보고 싶어 할 것 같은 영상이나 프로그램을 추천해 주지.

컴퓨터가 처리할 수 있는 데이터의 양은 인간보다 훨씬 많기 때문에 인공 지능 기술은 굉장히 유용해. 예를 들면, 건강 검진 결과를 분석하는 데 인공 지능이 인간 의사보다 뛰어날 지도 모른다는 거야. 인간 의사들은 피곤을 느끼기도 하고 실수를 할 수도 있어. 기계는 그럴 일이 없지.

그런데 인공 지능을 위험천만한 기술이라고 생각하는 사람들도 있어. 요지는 컴퓨터나 로봇이 스스로 생각할 수 있으면 무슨 일을 벌일지 누가 알겠냐는 거야.

네가 빈 코카콜라 캔으로 클립을 만드는 로봇을 개발했다고 하자. 이 로봇은 처음에는 분리수거함에서 버려진 캔을 찾아 클립으로 만들었어. 순조로운 시작이었어.

그런데 로봇은 여기에서 만족하지 못했어. 네가 프로그램 코드를 작성할 때 아주 중요한 내용 한 가지를 빠뜨렸기 때문이지. 바로 다 쓴 코카콜라 캔으로만 클립을 만들어야 한다는 내용이었어.

얼마 지나지 않아 로봇은 분리수거함에 있는 걸 몽땅 꺼내 클립으로 만들었어. 그러고 나자 분리수거함도 클립으로 바꿔 버렸지. 다음은 부엌이었어. **그리고 마지막은… 너였어.**

나아가 인공 지능이 우리의 이해나 통제 수준을 까마득히 넘어 진화할 수 있으며, 그 결과 기계가 세상을 장악하고 우리를 노예로 (아니면 클립으로) 만들지도 모른다고 우려하는 사람들도 있어.

그런데 '인간 클립을 만드는 로봇 시대'가 올 것까지 염두에 두지 않더라도 기술 발전에 따른 문제는 지금도 있어. 지도자인 네가 외면해선 안 되는 문제지.

로봇이 적지 않은 영역에서 인간의 작업을 대체할 것이라고 전망되고 있어. 사실 이미 벌어지고 있는 일이야. 요즈음 슈퍼마켓에 가면 사람에게 돈을 낼 때도 있지만 기계를 통해 돈을 낼 때도 많다는 걸 알아차렸을지 모르겠군.

한 연구에 따르면 영국 노동자의 7.4%는 자동화(기계)로 인해 일자리를 잃을 위험이 아주 높고, 무려 64.9% 또한 그만큼은 아니지만 일자리를 잃을 위험에 처해 있어.✦ 어쩌면 좋은 일일지도 몰라. 일이란 일은 로봇이 다 하고, 우리는 해변에서 한가롭게 시간을 보내는 거야.

✦ 영국 국가통계국(ONS)에서 2019년에 발표한 연구 결과야. 똑똑한 사람들이 커다란 계산기를 들고 일하는 대형 컴퓨터나 다름없는 곳이니까, 무슨 말을 하는지 귀 기울여 들어볼 만해.

하지만 여기에도 함정이 있어. 직업이 없으면 우리는 어떻게 돈을 벌지? 돈을 벌 수 없으면 해변에 가서 어떻게 아이스크림을 살 수 있을까? (아이스크림을 파는 건 물론 로봇 점원이겠지?)

진지하게 다시 말하자면 이런 이야기야. 사업주들이 사람을 고용하는 대신 로봇을 이용해서 많은 사람이 일자리를 얻지 못한다면, 우리는 하루 종일 뭘 하고 어떻게 생계를 유지하지?

지도자로서 넌 어떻게 해야 할까?

- 엄청난 돈을 과학에 투자할 수도 있어. 전화기에서 제트 엔진에 이르기까지 중요한 신기술이 세상에 등장할 때마다 그 기술을 주도한 나라들이 나중에 뛰어든 나라들보다 커다란 성과를 얻곤 했어. 로봇을 고용하는 시대가 열리더라도 변함없이 인간의 노동이 요구되는 일들을 수행할 수 있도록 사람들을 훈련시키는 방안도 있어. 그게 어떤 일일지 예측하는 것은 쉽지 않지만, 로봇을 만들고, 프로그래밍하고, 유지, 관리하는 일이라면 나쁘지 않은 첫걸음이 될 것 같아. (세금으로 걷은 돈 일부를 떼 놔야 할 거야. 사람들을 재교육하려면 만만치 않은 비용이 들거든.)

- '보편적 기본 소득'을 지급하는 방법도 있어. 정부가 일정 소득을 보장해 준다는 개념으로, 그러면 사람들이 일을 하지 않아도 되겠지. 로봇이 일자리를 몽땅 차지하더라도 문제가 안 될 거야. 정말 굉장한 일 아니야? 모든 시간이 자유 시간이야! (너야 세금으로 걷은 돈을 더 많이 떼 놔야 하겠지만 말이야.) 하지만 이것 역시 썩 유쾌한 일은 아닐지도 몰라. 빈둥거리며 로봇이 모든 일을 하는 걸 보고만 있는 삶은 조금 지루하지 않을까?

이번에는 이 사안을 다른 시각에서 검토해 보자. 오늘날 수백만 명의 사람들이 장시간 일을 하며 살아가고 있어. 그 때문에 가족과 보내거나 운동, 취미에 쏟을 수 있는 시간은 별로 없지. 많은 어른은 스트레스로 지쳐 있어. (정말이야.) 만약 노동자들을 대체하는 로봇을 개발하는 대신 우리의 일을 더 쉽게 만들어 주는 기계를 만든다면, 우리는 일자리도 잃지 않고 일을 하는 데 드는 시간도 조금 줄일 수 있을 거야. 우리는 건강해지고, 스트레스를 덜 받고, 가족들과 더 많은 시간을 보내거나 지역 사회의 다른 사람들을 도울 수도 있어.
지도자인 네가 아무것도 하지 않으면, 인공 지능 기술의 혜택은 인력을 관리하고 임금을 지불하는 성가신 (그리고 돈이 많이 드는) 일을 할 필요 없이 상품을 생산할 수 있다는 (그리고 돈을 벌 수 있다는) 걸 깨달은 아주 적은 수의 기업에게만 돌아갈 가능성이 커. 인공 지능 기술의 혜택이 노동자와 사업주에게 골고루 돌아가는 것이 공정하다고 생각한다면 갖가지 규칙을 마련할 필요가 있어.

이제 이 방안 중 어떤 방안을 채택하고 싶은지 따져 본 뒤, 우선순위에 따라 다시 나열해 봐.

기후 변화 행동 계획을 의욕 넘치는 조수들에게 넘겼던 것처럼, 이 목록도 믿을 수 있는 팀원에게 전달한 뒤 서둘러 착수해 달라고 (공손하게)✦ 부탁하자.

짚고 넘어가자면, 이렇게 명령을 내리는 걸 부끄러워해선 안 돼. 다른 사람을 의지하는 건 유능한 지도자가 되려면 당연히 해야 하는 일 중 하나야.

일을 다른 사람에게 맡기는 것을 '위임'이라고 해.✦✦ 최고의 지도자들은 자신에게 모든 일을 도맡아 할 수 있는 시간도 기량도 없다는 걸 알기 때문에 위임을 하는 데 뛰어나.

다음으로 소개할 문제도 네가 꼭 알았으면 하는 문제야. 그리고 다른 사람의 도움 없이는 절대 이 문제에 대한 대응책을 마련할 수 없어. 바로 세계 빈곤 문제야.

✦ 사실 공손하지 않아도 돼. 네가 대장이니까. 하지만 내 경험상, 사람들은 존중하고 존경할 수 있는 상사가 명령을 내릴 때 일을 잘하기 위해 더 노력하는 경향이 있어. 그리고 공손하지 않은 사람에게 존중하거나 존경하는 마음이 들기란 어렵지.

✦✦ 위임을 잘하는 데는 기술이 필요해. 우선, 요구하는 일이 무엇인지, 그리고 기한은 언제까지인지를 명확히 알려 줘야 해. 그런데 위임을 할 때는 위임받는 사람이 스스로 대책을 강구해 업무를 훌륭하게 완수할 수 있을 것이라고 믿는 자세도 중요해. 위임하는 업무에 새로운 기술과 장비, 도움을 제공하는 것도 네 책임에 포함돼.

세계 빈곤

우리는 앞서 불평등에 대해 이야기했어. 네가 지도자로서 국내의 빈부 격차 문제를 해결하고자 하는 마음이 있는지, 있다면 어떻게 해야 할 것인지를 다뤘어.

그런데 세계 지도자로서 네가 생각해야 하는 불평등 문제가 한 가지 더 있어. 바로 나라들 간의 불평등 문제야. 어떤 사람은 부유하고 어떤 사람은 가난한 것과 마찬가지로, 어떤 나라는 부유하고 어떤 나라는 가난해.

지구에는 약 80억 명의 사람들이 살고 있어. 이 중 7억 명은 극심한 빈곤에 시달리는 나라에서 살아가. 먹을 것과 입을 것, 제대로 된 집 같은 것들이 없다는 뜻이야. 깨끗한 물과 보건 서비스조차 얻지 못하는 사람도 수없이 많아.

네 일은 네 나라의 사람을 돌보는 거야. 그런데 네 나라가 부유한 나라 중 하나라면 가난한 나라의 사람들을 돕기 위해서도 노력해야 하는 걸까?

사람들이 이 질문에 대해 생각해 볼 수 있도록 호주의 철학자 피터 싱어가 예로 드는 이야기를 소개할게. (내용은 살짝 바꿨어.)

너는 학교에 가는 길이었어. 저기 연못을 보니 한 어린아이가 오리에게 먹이를 주고 있어.

아이의 부모님은 아이를 보고 있지 않아. 그런데 그 순간 아이가 연못에 빠졌고, 넌 그걸 봤어. 아이는 헤엄을 칠 줄 모르는 것 같아, 익사할 지도 몰라.

넌 책가방을 벗고 연못에 뛰어들어 아이의 목숨을 구할 수 있어. 너에게는 전혀 위험한 일이 아니야. 넌 수영을 무척 잘하는 데다 연못은 깊지도 않거든.

하지만 교복이 젖고 진흙투성이가 될 거야. 새 시계도 엉망이 되겠지. 어떻게 할 거야?

대부분의 사람은 아이를 구할 거라고 말해. 옷이야 빨면 돼. 선생님들도 지각을 이해해 줄 거야. 그리고 시계는 당연히 생명보다 귀중하다고 할 수 없어.

그런데 연못에 빠진 아이가 네 근처가 아니라 먼 나라에 있다면, 그렇지만 여전히 네가 별다른 어려움 없이 아이의 생명을 구할 수 있는 상황이라면, 이때도 아이의 생명을 구할 거야? 아이가 멀리 있다고 해서 답이 달라질까?

피터 싱어의 이야기는 부유한 나라가 놓여 있는 지점을 보여 줘. 가난한 나라에는 어린이들을 포함해 고통을 겪고 있는 많은 사람이 있어. 부유한 나라의 사람들이 돈과 음식을 기부한다면 이들의 목숨을 구할 수 있지.

그래서 가난한 나라 사람들을 돕는 자선 단체에 여윳돈을 기부하는 사람들도 있고, 이들을 돕기 위해 노력하는 정부도 있어. 다음은 너의 정부가 할 수 있는 일들이야.

- 나랏돈의 일부를 가난한 나라에 보내는 방법이 있어. 이걸 원조라고 해. 많은 부유한 나라에서 원조 활동을 하고 있고, 확실히 도움이 되는 일이야. 물론 말처럼 쉬운 일은 아니지. 일단 도움을 필요로 하는 사람들에게 돈이 무사히 전달되도록 하는 것부터 까다로워. 물론 유엔을 비롯해 이 과정을 지원하는 수많은 기관이 있어. 네가 보낸 원조금이 어디에 쓰이길 바라는지도 생각해 봐야 해. 사람들에게 충분한 식료품을 제공하는 일도 중요하지. 하지만 가난은 대단히 복잡한 양상을 띠고 있고, 교육, 의료, 가난한 나라에서 자주 발생하는 질병(말라리아 등)으로부터의 보호, 여성과 어린이들이 희생되지 않는 환경처럼 다른 중요한 것들도 많아.

- 전쟁 중인 나라(나라와 나라 사이의 전쟁이든, 한 나라 안에서 여러 세력이 무력을 쓰며 벌이는 다툼이든✦) 는 가난 및 가난의 복합적 원인(좋지 않은 건강 상태, 나쁜 정부 등)을 해결하기 위해 힘을 쏟는 것이 불가능해. 전쟁이 벌어지면 다른 모든 문제는 무시될 수밖에 없어. 그런데 이게 끝이 아니야. 전쟁은 이 모든 문제를 훨씬 더 악화시키거든. 어떻게 보면 당연한 이야기야. 세계에서 가장 가난한 지역들은 십중팔구 가장 불안정한 지역들이기도 해. 즉, 전쟁 중이거나 전쟁에 가까운 상황에 처해 있어. 네가 뭘 할 수 있을까? 이건 정말 큰 사안이고, 사실 너랑 상관있는 일도 아니야. 그래서 네가 할 수 있는 일에는 분명 한계가 있어. 하지만 새롭게 얻게 된 명성을 바탕으로 여러 나라가 힘을 합쳐 갈등을 끝낼 방법을 찾자고 촉구할 수도 있어. (유엔 회의 같은 자리에서.) 몇몇 나라에서 전쟁에 필요한 무기 대부분을 만들어. 네가 세운 나라가

✦ '내전'이라고 불러

그중 한 곳이라면, 다른 나라에 무기를 팔기 전에 그 무기 때문에 전쟁이 더 오래 지속되는 것은 아닌지 생각해 보면 좋겠어.

- 가난한 나라는 부유한 나라보다 힘이 없기 때문에, 때론 어쩔 수 없이 불공정한 무역 협정에 동의하기도 해. 너의 나라 사람들이

가난한 나라에서 물건을 살 때 합당한 대가를 지불하도록 규칙을 만드는 방법이 있어. 가난한 나라 사람들이 생산한 것을 너의 나라에서 팔기 쉽게 만들 수도 있고, 또 너의 나라에서 생산된 것을 가난한 나라 사람들에게 공정한 가격에 팔 수도 있어. 이 말은 물건을 너무 싸게 팔면 안 된다는 뜻일 때도 있어. 예를 들어 어느 부유한 나라에서 닭고기가 필요한 것보다 훨씬 많이 생산됐다고 해 볼게. 이 나라는 남는 닭고기를 가난한 나라에 아주 싼 가격에 팔아 모두 처분해 버리고 싶은 유혹을 느낄지도 몰라. (정상 가격보다 터무니없이 싼 가격으로 상품을 수출하는 일을 '덤핑'이라고 해.) 그러면 가난한 나라 사람들은 한동안은 좋을지 몰라도 (어쨌든 닭고기를 좋아하는 사람들은 기뻐할 테니까) 머지않아 자국의 양계 농가가 가격 경쟁에서 져서 문을 닫는 모습을 봐야 해.

이렇게 기후, 기술, 그리고 빈곤이라는 세 가지 큰 문제를 살펴봤어. 네가 세계 지도자의 위치에 있는 동안 이 문제들이 어떻게 흘러가는지에 따라 세상의 모습이 달라질 거야.

단언컨대 네 보좌관들은 정기적으로 보고서를 가져와 이 문제들이 너의 나라와 시민에게 어떤 영향을 줄지 네가 이해할 수 있도록 도와주려고 할 거야.

우리가 살아가는 세상에서 일어나고 있는 문제는 이게 다가 아니야. 심지어 이 문제들보다 더 큰 문제도 있을 수 있어. (문제란 언제나 알아보기 쉬운 것은 아니니까.)

다른 나라 사이에 갈등이 벌어지면 주시하되 너도 갈등에 휘말리지 않도록 조심해야 해.

팬데믹의 발생과 확산에 주의하고 대응책을 마련해 둬야 해. 우리는 모두 팬데믹을 경험해 봤고, 팬데믹이 얼마나 큰 피해를 입힐 수 있는지 목격했어. 충분한 대비가 안 돼 있던 나라들도 있었어. 다음번엔 변명의 여지가 없을 거야!

이렇게 말하기 미안하지만, 한 나라의 지도자가 된 이상 걱정할 게 산더미처럼 많을 거야.

하지만 미래를 낙관적으로 볼 수 있는 이유도 많아. 스웨덴의 석학 한스 로슬링은 각종 통계 자료를 바탕으로 세상이 더 나아지고 있다는 것을 보여 주었어.

문제가 아예 없다거나 세상이 모든 사람에게 평등하게 나아지고 있다는 뜻은 아니야. (실제로도 그렇지 않지.) 그렇지만 중요한 것들이 옳은 방향으로 나아가고 있는 것은 분명해.

한스에 따르면 세상이 나아지는 것처럼 느껴지지 않는 이유는 우리가 일이 잘되는 걸 알아차리기보다 일이 잘 안 되는 걸 알아차릴 때가 많기 때문이라고 해.

우리 대다수는 인류 역사상 그 어떤 세대보다도 길고, 행복하고, 편안한 삶을 살아가고 있어. 다음번에 보좌관들이 네가 생각해 봐야 할 긴 문제 목록을 가져오면 이 사실을 떠올려 줘.

네 일은 시민들이 여러 변화에 (그중 많은 변화가 더 나은 세상을 향한 변화일 거야) 잘 적응할 수 있도록 돕고, 다른 나라들과 힘을 합쳐 공동 문제를 해결하기 위해 노력하는 거야. 거기에 더해 보이는 게 다가 아니라는 걸, 보이는 것보다 나은 상황이라는 걸 때때로 시민들에게 일러 줄 수 있다면 좋을 것 같아!

좋은 생각이 있어. 너의 신념과 네가 지도자로서 이루고 싶은 것들을 담아 매니페스토를 쓰고 있잖아? 전 지구적 문제에 어떻게 대처할 것인지에 관한 계획도 함께 넣어 보자.

시민들이 네 말을 듣고 싶어서 계속 기다리고 있어. 연설을 해야 할 때가 된 것 같아.

넌 권력을 잡자마자 욕실에 콕 숨어 뜨거운 목욕물에 몸을 담갔어. 그때부터 쭉 공작이 바친 젤리를 먹으며 이 책을 읽고 있었지. 그러는 동안 시민들은 네가 자신들을 위해 어떤 계획을 세웠는지 궁금해하며 궁 밖을 서성거리고 있어. 이제 발표할 때가 됐어!

얼른 매니페스토를 완성하고 수많은 TV 카메라 앞에 서서 국민들에게 알리자. 각 장 마지막에 있던 체크리스트를 다시 살펴보고, 지금까지 내린 결정을 바탕으로 연설할 내용을 갖추면 돼. 준비가 끝나면 171쪽을 참고해 줘. 메시지를 효과적으로 전달하는 방법에 대한 팁을 실어 두었어. 좋은 첫인상을 줄 수 있는 기회는 한 번뿐이야. 그러니 잘해 보자!

새 국가를 위한 할 일 목록

훈장 만들기

많은 나라에는 특별한 일을 한 사람들의 공적을 기리기 위해 훈장을 수여하는 문화가 있어.

영국의 유명한 '빅토리아 훈장'처럼✦ 용기를 증명한 군인에게 주는 무공 훈장도 있고, 인도의 '바라트 라트나 훈장'처럼✦✦ 나라에 크게 기여한 민간인에게 주는 시민 훈장도 있어. 훈장에는 '경'이라는 칭호가 함께 수여되는 훈장도 있지. 훈장은 어렵게 생각할 것 없이 스티커의 어른 버전이라고 보면 돼. 대부분의 어른은 훈장을 받으면 스마일 스티커가 붙은 수학 숙제를 돌려받은 아이들만큼 기뻐할 거야.

✦ 가장 최근에 빅토리아 훈장을 받은 사람은 영국 육군 낙하산 연대 소속 조슈아 리키 일병이야. 리키 일병은 2013년 아프가니스탄에서 적군의 포화를 뚫고 달려 부상을 당한 전우가 안전하게 대피할 수 있도록 도왔어.

✦✦ 바라트 라트나 훈장을 받은 사람에는 인도의 초대 총리 자와할랄 네루(자신에게 스스로 수여했지)와 크리켓 선수 사친 텐둘카가 있어.

전투에서 큰 위협을 무릅써야 했던 병사들에게 상을 주고 싶어? 아니면 우리 모두가 안전하게 살아갈 수 있도록 새로운 약을 개발한 과학자들? 모든 사람이 의지하고 있는 간호 업무와 같이 힘든 일을 하는 사람들은 어때? 특별히 용감하거나 부지런한 어린이들을 위한 상을 만드는 건 어떨까?

누구에게 수여할지 결정하고 나면, 상에 이름을 붙여야 해. '목욕 훈장'처럼 이상한 이름이 붙은 훈장도 있어.✦ 또 그에 걸맞은 멋진 메달도 디자인해야 하지. '황금빛 천산갑 훈장'은 어때? 별로야? 그럼 말고.

✦ 목욕 훈장은 받는 사람에게 '기사' 작위를 주는 영국 훈장으로, 기사가 되면 사람들에게 '경' 칭호로 불리게 돼. 이 이름은 중세 시대에 기사가 된 사람들이 목욕 의식을 치렀던 데서 유래한 것이라고 해. 하루 종일 갑옷을 입고 다녀야 해서 냄새가 너무 심했던 거 아닐까?

지도자의 권한을 바탕으로 우리나라 최고 훈장의 이름을 다음과 같이 정한다.

황금빛 천산갑 훈장이 별로면,
눈부신 크럼펫 훈장(크럼펫은 둥글고 작게 구운 빵으로, 영국식 팬케이크야_옮긴이)은 어때? 하지만 너에게
더 좋은 아이디어가 있을 거라고 믿어.

그리고 이 훈장은 다음에 해당하는 사람들에게 수여할 것이다.

훈장이 제정된 목적을 통해 네가 어떤
행동을 장려하고 싶은지 시민들에게 알릴 수 있어.
선생님이 주는 스티커랑 정말 하나도 다르지 않아.

이제 전 지구적 문제 세 가지를 해결하기 위해
노력하고 싶은 순서에 따라 차례대로 써 봐.

기후 변화, 기술 발전과 세상의 변화, 세계 빈곤

세상에는 이것 말고도 네 책상을 뒤덮고 남을 만큼 많은 문제가 있어. 이 세 가지는 시작일 뿐이야. 다른 사안까지 모으면 책 한 권도 금세 쓸 수 있을 정도지. 시간을 내 어떤 문제가 있는지 조사해 보는 것도 좋을 것 같아. 이 장에서 우리는 국가 간의 갈등과 미래에 또다시 닥칠지 모르는 팬데믹의 위험성에 대해서도 이야기했어.

이 목록에 추가할 만한 몇 가지 다른 사안을 소개하자면, 세계 건강(가난한 나라에는 백신 부족 등의 문제가 있어. 그런데 부유한 나라에도 문제가 없지 않아, 대표적으로 비만 문제가 있지), 인구(사람 수, 거주 분포, 연령 등과 관련된 문제를 의미하는데, 이에 따라 많은 것이 크게 달라져), 잘못된 정보(요즈음 소셜 미디어를 통해 거짓 정보가 손쉽게 전 세계로 확산되고 있어. 시민들이 뭐가 진실이고 뭐가 거짓인지 구분할 수 없는 상황은 심각한 문제를 초래할 수 있어) 문제 등이 있어.

하지만 잊지 마. 네가 적절한 관심만 쏟는다면
이 문제들이 걷잡을 수 없이 커지지는 않을 거야!

6장
통치할 국가가 없다면?

이 책은 처음으로 한 나라를 이끌게 된 지도자들, 그중에서도 특히 청소년 지도자들을 위한 책이야. 사실 내가 좀 많이 바쁜 사람이거든, 그래서 평범한 청소년들을 위한 책까지 쓸 시간은 안 나더라고.

말이 나왔으니 말인데, 네가 평범한 청소년이라면 대체 왜 이 책을 읽고 있는 건지 한번 물어보고 싶어. 이건 널 위한 책이 아니야. 책을 내려놓고 평범한 청소년들이 할 법한 다른 일들을 하라고.
그래, 레고 블록을 가지고 노는, 뭐 그런 거.

어라, 아직도 읽고 있어?

흠, 역사를 돌아보면 지도자의 자리에 오르진 않았어도 세상을 바꾼 사람들이 수없이 많긴 해. 너도 네 역할이 있을 거야. 발명가도 있고, 음악가도 있고, 시인, 작가, 기업가, 또 운동가, 예술가, 배우, 과학자. (과학자는 정말 많지.) 그리고, 맞아, 청소년들도 있어.

아마 너도 네가 얼마나 평범하든지 간에,
그리고 대통령 궁을 차지하게 되든 아니든 간에,
세상에 중요한 기여를 할 수 있을 거야.

친절하고, 관대하며, 협조적이고, 끈기 있고, 정직하고, 부지런한 사람이 되는 거야. 또 다른 사람들, 그리고 환경에 해를 끼치지 않도록 노력할 수도 있어. 집, 학교, 이웃, 지역 사회에서 더 나아질 수 있는 것들을 보면 모두가 알아차릴 수 있게 목소리를 내는 거야. 그런데 어떻게? 내가 알려 줄게.

어떤 상황을 바로잡아야 한다고 깨닫는 건 시작일 뿐이야. 조치를 취하고 싶다면 행동에 나서야 해. 행동은 훨씬 어려워.

너에게 필요한 것

열정 열정이 없으면 아무도 널 따르지 않아.

용기 사람들의 이목을 끄는 일은 불편하고 무서울 수 있어.

끈기 변화가 빠르게 일어나는 경우는 드물어.

힘 널 좌절시키는 사람들에게 맞서야 할지도 몰라.

조직화 능력 계획을 세우고 철저히 지킬 수 있어야 해.

경청하는 능력 네 의견에 동의하는 사람들의 말에도 귀 기울여야 하고(도움이 되는 경험이나 더 좋은 아이디어를 갖고 있을 수 있어), 네 의견에 동의하지 않는 사람들의 말에도 귀 기울여야 해. (그래야 이유를 알 수 있지.)

팀워크 능력 팀과 함께 움직이면 혼자일 때보다 더 많은 걸 이룰 수 있어.

배우려는 의지 네가 중요하게 여기는 문제에 대해 자세히 알아야 할 거야.

네가 목소리를 낼 수 있는 방법이야

청원 운동

청원 운동은 많은 사람의 서명을 받아 변화가 이루어지도록 촉구하는 활동이야. 옛날에는 사람들의 서명을 받으려면 종이와 펜을 들고 집집마다 돌아다녀야 했어. 지금은 웹사이트를 개설해 온라인으로 서명을 받을 수 있기 때문에 청원 운동을 하기가 예전보다 훨씬 쉬워. (온라인 청원 사이트에는 change.org, 38degrees.org.uk 등이 있어.)

사람들의 지지가 충분히 모이면 (어떤 청원 운동은 수백만 명의 서명을 이끌어 내기도 해) 네가 조직한 캠페인이 세상의 주목을 받을 수 있어.

영국 의회에는 자체 온라인 청원 시스템이 있어. 유럽 연합의 유럽 의회도 별도의 청원 위원회를 통해 온라인 청원 시스템을 운영해. 일정한 수의 서명이 모이면 그 주제가 논의되기 시작할 거야.

기억해 둬. 청원 운동에는 어디에서든 변화를 일으킬 수 있는 힘이 있어. 그리고 우리가 행동하도록 설득해야 하는 대상이 늘 정부인 것은 아니야.

예를 들어 너희 학교가 플라스틱 사용을 줄이는 데 동참하길 바란다면 총리나 대통령까지 귀찮게 할 필요도 없어, 교장 선생님만 귀찮게 하면 되지.

소셜 미디어

많은 부모가 아이들이 트위터, 틱톡, 인스타그램 같은 소셜 미디어 애플리케이션을 쓰는 걸 걱정해. 소셜 미디어와 스마트폰이 불안과 스트레스를 유발한다는 사실을 증명하는 증거들도 있어. 그렇지만 신중하게 이용할 수만 있으면 소셜 미디어는 아주 유익한 도구이기도 해. 소셜 미디어를 이용하면 어마어마하게 많은 사람에게 다가갈 수 있거든.

소셜 미디어는 거대한 청원의 물결이 되기도 해. 많은 이용자가 어느 특정한 주장을 지지하며 똑같은 해시태그를 달면 사람들 사이에서 그 주장이 화제가 되고, 그러면 그 주장은 더 이상 그냥 넘어갈 수 없는 이슈가 돼.

하지만 신뢰하는 어른들에게 네가 어떤 활동을 하고 있는지 알려 둘 필요가 있어. 그리고 소셜 미디어는 공공 공간이야. 나중에 부끄럽게 느껴질지도 모르는 내용은 올리지 않는 게 좋아. 또 개인 정보는 (사는 곳 등) 절대 게시하지 않길 바라.

편지 쓰기

조금 옛날식으로 느껴지겠지만, 편지를 쓴다는 건 네 뜻을 전달할 수 있는 아주 근사한 방법 중 하나야. 제대로 된 편지는, 그러니까 또박또박 써서 우편으로 부친 편지는 강력한 효과를 발휘할 수 있어. 편지를 못 본 체하기란 쉬운 일이 아니거든. (이메일이나 소셜 미디어 메시지와 비교해 보면 편지가 확실히 무시하기 어렵다는 걸 알 수 있어.)

편지는 최선을 다해 예의 바르고, 정중하며, 알기 쉽고, 정확하게 (맞춤법 실수하지 않도록 주의!) 써야 하며, 구체적이고 긍정적인 조치를 요청해야 해. 편지를 받는 사람이 실제로 보여 주길 바라는 행동이 네 마음속에 있겠지? 또 너의 이야기를 집어넣는 것도 좋아.

(하지만 편지는 짧고 간결해야 해. 네가 가진 수영 자격증과 음식 알레르기 목록까지 줄줄이 나열할 필요는 없어.)

시위

집회, 데모라고도 부르는 시위는 사람들이 모여 자신의 지지나 반대를 공개적으로 드러내고 변화가 이루어지길 촉구하는 활동이야. 포스터를 높이 들고, 큰 소리로 외치기도 해.

시위자들은 대중의 관심을 끌기 위해 대체로 정부 건물 앞과 같이 중요한 장소에서 시위를 열고, 거리를 행진하기도 해.

시위는 한 명이 할 수도 있는 거야. 그레타 툰베리의 환경 운동이 그렇게 시작됐지.✦ 하지만 시위는 가능한 한 많은 사람의 참여를 바탕으로 추진되는 게 보통이야.

자유 민주주의 국가에서는 다른 사람에게 심각한 문제나 위험을 야기하지 않는 한 원하는 시위를 할 수 있어. 하지만 시위가 불법이어서 중대한 위험을 무릅써야 시위를 할 수 있는 국가도 있어.

지난 몇 년 사이에 눈에 띄게 증가한 시위의 유형이 두 가지 있어. 바로 기후 활동(기후 단체 '멸종 저항'의 활동 등)과 인종 차별 반대 시위('흑인의 생명도 소중하다' 운동 등)야. 이 두 움직임은 자신들의 중요한 목표를 대중에게 알리는 데 성공했어.

시위에 참여하려면 함께 갈 수 있는 어른을 찾아야 해. 그리고 그 시위가 안전한 시위인지에 관해서도 어른과 의논해 봐야 해. 규모가 큰 행사라면 (상상 이상의 대규모 시위도 있어) 일행과 떨어지거나 길을 잃었을 때 어떻게 할 것인지 미리 계획을 세워 두는 것도 좋아.

✦ 그레타 툰베리는 열다섯 살 때 학교를 빠지고 스웨덴 국회 의사당 앞에 앉아 기후 변화 대응 촉구 시위를 하기 시작했어. 2019년에 툰베리는 뉴욕의 유엔 본부에서 세계 지도자들을 향해 말했어. "30년도 더 전부터 분명한 과학적 증거가 쏟아져 나오고 있어요. 그런데도 어떻게 계속 모른 척하며 이 자리에 와서 할 만큼 하고 있다고 말할 수 있나요?"

공직에 나서기

지금까지 네가 추구하는 가치를 실현하도록 도와줄 수 있는 힘 있는 사람들에게 어떻게 하면 영향을 미칠 수 있을지, 그 방법에 대한 이야기를 나누었어. 그런데 네가 할 수 있는 일이 한 가지 더 있어, 너무 뻔해서 오히려 생각 못했을 거야. 바로 네가 그 힘 있는 사람이 되는 거야.

알다시피 이 책은 바로 그런 사람들을 위한 책이야, 새로운 국가의 청소년 통치자! 이 장을 읽고 있으니, 아마 넌 통치자가 아닐 거야. 하지만 네가 노려볼 만한 영향력 있는 직책은 그것 말고도 무척 많아. 학생회 임원부터 돼 보는 건 어때?

매니페스토 발표 시간

더 이상 미룰 수 없는 시간이 됐어, 보스. 이제 책도 다 읽었고 (음, 다 읽은 거 맞지?) 1장부터 작성하고 다듬어 온 매니페스토가 옆에 있을 거야. 게다가 다섯 개의 비망록도 가지고 있겠지? 이제 비전을 완성하고 국민들에게 보여 주자.

자, 당연히 긴장될 거야. 대중 앞에서 말하는 게 아무렇지도 않은 사람은 별로 없어. 하지만 밖에 있는 사람들은 네 편이야. 네가 일을 잘 해내기를 바라고 있는 사람들이지. 그러니 자신감을 가져. 분명하게 말해. 위풍당당한 지도자의 모습을 보여 줘. 하고 싶은 말이 있을 거야. 간단명료하고 힘 있는 말로 국민들이 감동하는 연설을 해 보자.

도움이 될 만한 다른 말이 또 뭐가 있을까? 너무 빨리 말하지 말고, (이미 알 거야) 우물거리며 말하지도 말고, (이것도 이미 알 것 같아)

최대한 청중을 바라보며 말해야 해. 연설문을 읽느라 고개를 푹 숙이고 있으면 안 돼. 있는 그대로의 네 모습을 보여 주면 돼. 그렇다고 여과 없이 보여 주라는 건 아냐. 아예 긴장을 풀고 트림 같은 걸 하면 조금 곤란해지겠지. 하지만 평소의 자연스러운 목소리로 말하고, 평소의 자연스러운 미소를 지으며, 대중 앞에서는 시간을 즐기는 게 좋아. 어쨌든 익숙해져야 할 거야. 넌 한 나라의 지도자가 되겠다는 사람이니까.

애초에 그래서 이 나라를 접수한 거잖아? (지금도 그게 어떻게 가능했던 건진 잘 모르겠어. 네가 나라를 손에 넣을 수 있는 합법적인 방법은 내가 알기론 없어. 흠, 계속 모르는 편이 낫겠어.)

오케이, 카메라 준비 완료, 조명 준비 완료, 발표할 원고 내용은 텔레프롬프터에 뜰 거야, 헤어스타일도 완벽해. TV 방송국도 네 모습을 전국에 생방송으로 내보낼 준비를 마쳤어. 준비됐지? 셋, 둘, 하나…. 촬영 시작!

마지막으로 하고 싶은 말
"다정하고 용기 있을 것!"

보스, 여기까지가 내가 하고 싶었던 이야기의 전부야. 모든 걸 다 가르쳐 준 것처럼 굴진 않을게. 나라를 다스리는 건 복잡한 일이야. 어떤 계획을 세우든지, 너도 나도 예측하지 못한 새로운 문제와 기회가 여기저기서 불쑥 튀어나올 거야.

결국 가장 중요한 건 네가 뭘 아느냐가 아니라 뭘 하느냐일 거야. 지식의 부족한 부분은 보좌관들이 채워 줄 수 있어. 하지만 네가 어떤 가치를 믿는지, 어떤 지도자가 되고자 하는지는 너만이 결정할 수 있어. 나라를 어떻게 운영하고 싶은지는 스스로 생각하고 뜻을 정해야 해.

나라에서 제일 중요한 사람이 된 걸 즐기러 가기 전에, 네가 마음에 간직해 주길 바라는 것이 세 가지 있어.

첫째로, **다정한 사람**이 되면 좋겠어. 다정하다는 건 네 행동과 결정이 다른 사람에게 어떤 영향을 줄 수 있는지 생각하고, 너에게 무례하게 군 사람들을 빠르게 용서하는 태도야.

모든 사람을 항상 만족시킬 순 없어. (기억하지?) 게다가 널 좋아하지 않는 사람들도 있을 거야. 유감스럽지만 그런 게 바로 정치니까. 하지만 사람들을 다정하게 대하려고 노력한다면 (너에게 동의하지 않는 사람들에게도 말이야) 훌륭한 지도자가 되는 길을 착실히 걸어 나갈 수 있을 거야.

둘째로, **노력하는 사람**이 되면 좋겠어. 재능 있는 지도자도 노력하지 않으면 많은 걸 이룰 수 없어. 역사상 가장 위대한 지도자들은 모두 재능도 있고 노력도 했던 인물들이야. (앞에서도 말했듯, 이 공식은 모든 곳에서 통해.)

그리고 셋째로, **용기 있는 사람**이 되도록 하자. 나라의 지도자가 되는 데는 (그리고 다른 책임 있는 자리에 오르는 데도) 용기가 필요해. 왜일 것 같아? 난처한 실수나 실패를 하고 바보처럼 비치게 될 가능성도 있기 때문이야.

무서운 일이지, 그렇지 않아? 사람들이 너를 비웃을지도 몰라. 하지만 들어 봐. 실수를 하든 실패를 하든 중요하지 않아. 사람들이 널 비웃는 것도 정말 중요한 게 아니야.

실패는 문제가 아니야. (언제든 다시 도전할 수 있어.) 문제는 실패나 사람들의 비웃음이 두려워서 책임 있는 자리를 맡지 않으려 하는 거야. 도전하지 않는다면 네가 어떤 것을 이룰 수 있을지 영원히 알 수 없어.

네가 존경하는 사람들 모두 인생에서 자신의 위치에 도달하기 위해 기꺼이 위험을 무릅썼을 거야. 지도자들도 마찬가지야.

그러니 다정하고, 노력하며, 용기 있는 사람이 되자. 내가 옆에서 자랑스럽게 지켜볼게.

집무실 벽에 액자도 몇 개 걸고, 나라를 상징하는 동물도 골랐고, (천산갑이겠지?) 커다란 마호가니 책상 앞에 앉아 있는 게 편안해지면, 무엇보다 중요한 건 너다운 모습으로, 네가 옳다고 생각하는 가치들을 지켜 나가는 것이라는 걸 잊지 마.

지도자로 지내다 보면 너 자신에 대해 더 많은 것을, 이전에는 몰랐던 것을 알게 될 거야. 지도자들은 그럴 수밖에 없어. 갖가지 사건으로 시험을 받고, 곧 정말 어떤 사람인지가 드러나지.

나는 네가 틀림없이 세상에서 제일 멋진 지도자가 될 수 있을 만큼 다정하고, 용감하며, 노력할 줄 아는 자신의 모습을 발견하게 될 거라고 믿어.

감사의 말

정말이지 적잖은 책임감을 느끼며 이 책을 썼어요. 만약 우리가 지금으로부터 30년 뒤, 이 책을 읽고 무럭무럭 꿈을 키운 과격한 폭군의 전제 통치 아래 살게 된다면 어떻게 될까요?

그런 일이 벌어지더라도 모두 내 탓으로 돌리진 마세요.
이 책의 출간을 계획한 건 피비 자스코트고, 이 책이 무사히 세상에 나올 수 있도록 노력을 쏟은 이들은 줄리 페리스, 로라 호슬리, 나이절 베인스, 로라 햄블톤, 켈리 루엘린이랍니다.

이 책을 쓰는 내내 커티스 브라운 에이전시의 스테퍼니 트웨이츠와 이소벨 개헌의 지지가 있었기에 굉장히 기쁘고 든든했답니다. 그리고 독자 여러분이 이 책을 재미있게 읽을 수 있는 데는 앨런 샌더스가 그린 훌륭한 삽화의 공이 클 거라고 생각해요. 고마워요, 앨런!

에마, 이 책을 쓸 수 있도록 격려하고 응원해 줘서 정말 고마워요. (그 밖의 다른 모든 것들 대해서도요.) 매슈와 패트릭, 이 책을 두 사람에게 바칩니다. 언젠가 여러분은 나라를 다스리는 사람이 될 수도, 아닐 수도 있겠죠. 하지만 난 여러분이 어디에 가서 무슨 일을 하든 세상을 더 좋은 곳으로 바꿀 수 있을 거라고 확신해요. 여러분은 지금도 그렇게 하고 있으니까요.